DOUBLE
E 2337

AF463770

L'AMBASSADEUR.

Par le sieur de Vill. H.

M.D.C.III.

A MONSEIGNEVR DE VILLEROY, CONſeiller du Roy en ſes conſeils d'Eſtat & priué, & premier Secretaire de ſes Commandemens.

C'Eſtes vous, Monſeigneur, qui donnez aux Ambaſſadeurs les inſtructions & pour leur charge & pour leurs mœurs. I'en ay veu aucunes qui m'ont fait admirer la grãdeur de voſtre eſprit, & l'infiny de voſtre experience. Auſſi en auez vous depuis trente ans inſtruit & formé bon nombre, s'en eſtans les Rois vos maiſtres refié du tout en vous. Pour moy, i'auois tracé cet escrit pendant mon seiour en Suisse auec feu Monsieur de Mortefontaine qui lors y residoit Ambassadeur pour sa Maiesté : & ne m'y suis depuis amusé que pour contenter mon esprit dans ce loisir des champs, & pour seruir parauenture aux ieunes hommes de nostre France qui serōt à l'aduenir designez à ceste charge: car quant aux estrangers, ils s'en acquittēt souuent trop mieux que nous : & en tout cas prendront ailleurs leur leçon. Ioint que i'y coule des particularitez qui regardēt particulieremēt cet Estat: n'ayant baillé cet escrit à l'imprimeur que pour sauuer la peine de l'escriuain, duquel plusieurs auoient ia prins des copies où ie ne recognoissois quasi plus rien du mien. Et cōme i'ay sceu, Monseigneur, que vous auiez eu aggreable celuy que ie vous presentay il y a trois ans, pour y auoir possible veu de la nai-

ueté, laquelle aux esprits solides plaist dauantage que le fard ; outre les exemples tirez & de ma lecture & de mon experience propre par les voyages & negociations que i'ay faictes hors de France en plusieurs lieux depuis vingt ans, la plus part auec des Ambassadeurs & pour le seruice de sa Maiesté; i'ose sous l'asseurance de vostre bonté le vous offrir encore vn coup, & vous supplier treshumblement le receuoir de mesme œil que le premier : & ie tiendray ceste faueur à beaucoup d'heur, aussi bien que d'estre honoré de vos bõnes graces, que tant de gens recerchent, mais nul auec plus d'ambition

MONSEIGNEVR, que

Vostre plus obeissant & plus dedié seruiteur
HOTMAN.

LEcteur, Ce traitté n'est que pour les Ambassadeurs; & comme vn abbregé de ce qui s'en peut dire & de ce qui s'en est dict par d'autres. Ie l'auois destiné seulement à l'vsage d'vn de mes amis, lequel en ayant laissé tirer des copies à plusieurs, desia esloignees de mon sens & de mon stile: ie suis contraint d'en permettre l'impression, non pour le publier: car ainsi l'ay-ie stipulé de l'Imprimeur: mais seulement pour distribuer à mes amis ce peu qu'il en fera. Nulle part la vanité n'est à propos: beaucoup moins en ce sujet, qui ne souffre que la discretion, la grauité, la verité. S'il en arriue autrement, c'est contre mon humeur & mon dessein.

I. SES MOEURS.

II. SA CHARGE EN GROS.

III. SES PRIVILEGES, ET DE

IV. SES DOMESTIQVES.

L'AMBASSADEVR.

IE NE sçache aucun des anciens qui ait tout à dessein escrit de ce suject. Polybe a bien laissé quelque recueil *De Legationibus*, mais non *De Legato*. La cause, à mon aduis, est, que l'on n'appelloit ordinairemẽt à ceste charge que gens pleins d'honneur, vertu, & experience, pour auoir desia passé par les plus belles & grandes charges de la Republique, ainsi que ie diray tantost. Car comme iadis il n'y auoit aucune punition ordonnee pour les parricides, d'autant qu'en ces siecles d'innocẽce l'on ne pouuoit penser que vne meschanceté si signalée peust tomber au cœur d'vn homme: aussi les doctes Politiques du temps passé n'ont pas creu que les Princes & Estats seroiẽt si imprudens d'honorer d'vne legation laquelle souuent importe à tout l'Eſtat) vne perſonne qui n'en fuſt tres-capable; ou que celuy qui n'en ſeroit digne, fuſt ſi mal-aduiſé de ſ'en charger. A ceux-là depuis ont eſté ordonnez les chaſtimens: & ceux-cy auroient beſoin d'vne bonne inſtruction, attendant laquelle ie leur donneray en ce traitté ce mot d'aduis.

Et pour commencer, ie ne m'arreſteray à la recherche ſoit du nõ *d'Ambaſſadeur* qui nous eſt eſtranger & incogneu; ou de l'ancienneté & origine de ceſte charge, laquelle il eſt vray ſemblable auoir cõmencé dés qu'on a voulu eſtablir la ſocieté entre les hommes, & la communication des peuples & Eſtats les vns auec les autres; les Princes ne voulans, & les Republiques ne pouuãs ſe trouuer enſemble pour en traitter. Auſſi ie ne perdray temps à dire que le nom *d'Ambaſſadeur* n'eſt pas ſi general que le mot Latin *Legatus*: & ne ſ'entend proprement que de ceux qui ſous la ſeureté de la foy publique authoriſee par le droit des gens, ſont employez pour negocier auec les Princes ou Republiques eſtrangeres les affaires de leurs Maiſtres, & y repreſenter auec dignité leurs perſonnes & leur grandeur pendant la legation.

Il y en a de deux ſortes. Les vns qui n'y ſont que pour peu de temps & pour vn affaire ſeulement; comme pour renouueller vne alliance, iurer & ratifier vn traitté, ſe coniouyr, cõdouloir, & faire office ſemblable de la part de leurs Maiſtres. Ceux qui vont preſter obedience au Pape, de la part des Princes Chreſtiens ſont de ce nombre: ou qui vont pour autres affaires non ordinaires. C'eſt pourquoy on les peut nommer Ambaſſadeurs extraordinaires: qui ſ'en reuont ſi toſt que l'affaire eſt acheuée. Les Romains & autres peuples iadis n'en vſoient point autrement. Les autres ſont ordinaires & Reſidens, n'ayant toutefois aucun temps limité que par la volonté des Princes qui les enuoyẽt. Et ceſte ſorte eſt celle qui maintenant eſt le plus en vſage, & que l'antiquité ne cognoiſſoit point pour la crainte qu'on auoit que le long ſejour d'vn Ambaſſadeur ne fiſt deſcouurir les ſecrets de l'Eſtat. Le Pape a retenu les noms de Legat & de Nonce; deſquels ce n'eſt mon deſſein de parler en particulier.

Quant aux Agens, ausquels on donne aussi par fois tiltre de Residens: ils sont pareillement personnes publiques; & estant vne fois receus & admis, ils iouyssent du droit des gens: mais n'ont ny seance, ny bien souuent pouuoir si ample que les Ambassadeurs. On les tient volontiers pres les Princes qui ne veulent donner le rang que pretendent ceux par qui ils sont enuoyez: comme ceux qui ont esté pres l'Empereur depuis quelques annees pour le Roy, & celuy qui est à present pres l'Archiduc & l'Infante [C'est Monsieur de la Boderie, lequel ne merite que trop ce tiltre d'Ambassadeur, puis qu'il en fait la charge si dignement] L'on nomme aussi Agens ceux qui font les affaires des Princes non souuerains, ou qui sont de beaucoup inferieurs aux Monarques & grandes Republiques. Car quant à ceux qui sont enuoyez par le Prince en ses Prouinces, & vers ses sujects, ils sont appellez Commissaires, comme on nomme Deputez ceux que les sujects deleguent vers leur Souuerain: lesquels pour cela ne iouissent pas de ce droit des gens & des priuileges d'vn Ambassadeur: *Ius externo non ciui quæsitum est*, dit Tite Liue. Mais bien les Herauts, desquels les personnes sont inuiolables, mesmes au milieu des armées, aussi bien que celles des Ambassadeurs; encores que proprement & le plus souuent ils ne soient que messagers portant simplement parole ou cartel, sans authorité de traitter aucun affaire: comme aussi les tambours, trompettes, & telles personnes en temps de guerre: lesquels pourtant ne meritent ce tiltre & dignité d'Ambassadeur.

Les Romains auoient aussi vne autre forme de Legation, contre la loy ancienne, *Ne quis suæ rei ergò Legatus fiet*; laquelle s'appelloit *libera Legatio*, pour fauoriser les personnes de qualité, allans en païs estrange, ou és Prouinces de l'Empire pour leurs propres affaires & negoces particuliers, afin d'y estre plus respectez, & dans la faueur du droit des gens: comme estoient pareillement ceux à qui l'on ne vouloit faire la honte toute entiere d'vn exil: & cette-cy s'appelloit *Honesta Legatio*: de laquelle Tacitus dit que Tibere vsa à l'endroit du pauure Agrippa, pour l'eslongner de sa Cour.

Il semble aussi qu'on pourroit mettre au rang des Agens & Ambassadeurs, les Consuls qui font les affaires des Marchands, Villes & communautez, en Arger, Tunis, Tripoli, & autres lieux de la Barbarie & Turquie : D'autant que le Prince agree leur nomination; les autorise & recommande par ses lettres, & qu'au defaut des Ambassadeurs ils donnent les aduis, & en font quelquefois la charge; aucuns mesmes auec assez heureux succez, comme il s'est veu en quelques lieux, de nostre temps. Les Venitiens tiennent des Consuls au Caire, en Halep, Rosette, Alexandrie, & autres villes & haures d'importance : qui leur est vn grãd biẽ, car outre la cognoissãce qu'ils ont de temps à autre du prix de toutes marchandises, ils sçauent aussi par mesme moyen nouuelles de toutes les parts du mõde : en quoy ils surpassẽt tous autres Estats & Republiques.

SES MOEVRS.

POVR venir donc à nostre Ambassadeur, & principalement à celuy que nous auons nommé Ordinaire & Resident : ores que le principal plus general & ordinaire sujet de sa Legation, soit pour entretenir l'alliance & amitié auec le Prince ou l'Estat auquel il est enuoyé : si y a-il plusieurs autres occasions de son enuoy qu'il n'est icy besoin d'articuler, cela mesmes estãt infiny pour la diuersité de traittez & negoces qui sont parmy les Princes & Republiques. En aucuns païs ne se parle que d'argent, & leuees de gens de guerre : aux autres du fait de la marine, du traffic & commerce ; en d'autres de quelque contrauention aux traittez, de quelque course ou excez aux frontieres. Puis apres en aucuns Estats y a des Monarques, les autres sont gouuernez par les Seigneurs, les derniers par le peuple : de sorte que selon la qualité de ces gouuernemens, & la nature des affaires, il est à propos de faire choix d'Ambassadeurs qui soient agreables au lieu & au Prince auquel ils sont destinez. Et non seulement pour ceste diuersité d'Estats & de negociations : mais encore pour la difference des humeurs, conditions, & religion des Princes &

peuples où ils ſont employez: eſtant bien certain qu'vn de la religion ne ſeroit propre pres du Pape, ny du Roy d'Eſpagne: au cõtraire vn de ceſte condition [ſi le ſeruice du Roy le permet] ſeroit plus agreable en Angleterre, Eſcoce, Dannemark, & vers les Princes proteſtans d'Allemagne: comme la Royne d'Angleterre en fit porter parole au Roy durant le ſiege de Paris ſur le ſujet d'vn Gentilhomme de qualité, qui auoit eſté enuoyé aux Princes proteſtans d'Allemagne, & qui n'y eſtoit pas le bien venu. Auſſi faut-il euiter la riſee qui fut faicte autres fois d'vn Eueſque enuoyé au grand Seigneur, & d'vn Gentilhomme tenu pour gros Chreſtien, lequel on deſtinoit Ambaſſadeur au Pape, car il fut dit, que l'vn conuertiroit le Turc, & l'autre ſeroit conuerty par le Pape. En aucuns Eſtats ils conſiderent fort la qualité d'vn Ambaſſadeur, & en font moins d'eſtime ſ'il n'eſt Gentilhomme portant l'eſpee, ou du moins bien qualifié, liberal & magnifique. D'autres Princes & Eſtats aiment autãt vn homme de robe longue; comme à Veniſe [De long temps homme

n'y

n'y auoit esté si agreable que Monsieur de Maisse Huraut, l'vn des premiers Conseillers de cest Estat] Ie ne doute pas que le Pape ne fust content d'auoir plustost vn Euesque ou autre homme d'Eglise pres de soy, neantmoins i'enten que les Espagnols ont recogneu qu'il estoit plus à propos pour le seruice de leur Maistre, que l'Ambassadeur fust d'autre qualité, à cause que les Ecclesiastiques ont vn serment bien estroit au Pape & à l'Eglise, qui déroge à la fidelité naturelle que tous sujects doiuent à leur Souuerain.

Quoy qu'il en soit, les Romains n'enuoyoient point d'Ambassadeurs qui n'eussent passé par la plus part des grades d'honneur & du magistrat: & aucunesfois c'estoiẽt leurs Consuls mesmes, non tant pour l'honneur du Prince auquel on les enuoyoit, que pour la grandeur & majesté de la Republique. Philippe de Commines se plaint que le Roy Loys XI. son maistre y employoit ordinairement son barbier. Autres Princes ne font difficulté d'enuoyer leurs valets de chambre, porte-manteaux, & de moindre estoffe encores, aux plus grands Princes de la Chrestienté: Dieu sçait aussi comme ils y font le plus souuent les affaires de leurs Maistres. Or celuy qui designe vn Ambassadeur doit bien prendre garde à cela, & mesmes au sexe & à l'aage, & à l'humeur de celui à qui on l'enuoye. Car qui donneroit commission à vn homme vieil & chagrin d'aller traitter mariage auec vne ieune Princesse, & luy faire l'amour au nom de son maistre (chose qui se fait le plus souuent par procureur entre les Grands) il est bien certain que naturellement elle ne le verroit ny escouteroit si volontiers qu'vn plus ieune & plus guay: I'en ay veu l'experience quelque fois: Estant ce choix de plus grand importance qu'on ne cuide, & en quoy neantmoins on fault le plus souuēt. Vn Prince voisin enuoya il y a quelque temps vn homme de mauuaise grace à vne grand Dame de France pour ce sujet; qui n'y fit rien qui vaille. Certes il faut qu'il soit agreable pour mieux manier l'esprit de celuy auec lequel il va traitter.

Encore plus aux Ambassadeurs extraordinaires, & qui ne vont que pour vn affaire : cõme si c'est vn fait de guerre, il est plus seant de le commettre à vn Mareschal de France ou autre chef de guerre, & entendu au fait des armes. Aux Conciles il seroit ridicule d'enuoyer autres gens que des Ecclesiastiques, Theologiens & gens de robe longue. Et où il seroit question des droits de succession, de marches, represailles, ou autre difficulté de droit : il y a des hommes propres à cela, & qui y seruiront mieux leur maistre, qu'vn homme d'Eglise, ou d'espee. Mais si c'est vn renouuellement d'alliance, conduitte d'vne Princesse, ou autre acte solemnel consistant plus en ceremonie & magnificence : il est conuenable d'en commettre la charge & l'honneur à vn Prince ou Seigneur de qualité & de moyens.

Outre cela, il y a bien d'autres choses à considerer en la personne d'vn Ambassadeur, dont ie cotteray quelques vnes, non pour faire vne parfaitte Idee d'Ambassadeur, comme Tasso, Magio, Gentilis, & quelques autres ont essayé de faire. Car, comme on a dit autresfois de la Republique de Platon, que l'Idee en est au Ciel, ainsi l'image parfaicte d'vn Ambassadeur telle que ceux là nous l'ont figuree, ne fut iamais parmy les hommes, car ils veulent qu'il soit Theologien, Astrologue, Dialecticien, Orateur excellent, sçauãt comme Aristote, & sage comme Salomon. Mais moy ie ne luy en donne pas plus qu'il en peut auoir par vsage & nature. Bien est vray que ie desire qu'il soit meslé à cause de la diuersité d'affaires qui se traittent en sa charge: Ce qu'il ne peut s'il n'a veu & voyagé, s'il n'a quelques lettres, & sur tout la cognoissance de l'histoire, que ie trouue luy estre plus necessaire qu'aucũ autre estude; & que desia il ait esté employé en quelques autres charges ou affaires de l'Estat, quand ce ne seroit que pour auoir plus d'asseurãce à parler en public: car, ainsi qu'il se verra par la suitte de ce discours, l'Ambassade est comme vn abregé des plus belles charges & offices qui s'exercent en la Republique. Aussi le veux-je riche, non seulement des biens de l'esprit, mais aussi des biẽs de fortune, en quelque mediocrité pour le moins. Car outre qu'vne grand' pauureté est tousiours suspecte, estant tel il luy est malaisé de tenir la dignité laquelle il doit representer : n'estant pas tousiours les maistres biẽ soigneux de les bien appointer : & les Romains refusoient souuent telles gẽs en l'exercice des plus belles charges de la Republique.

Et pour parler des sciences plus particulierement, ie sçay que plusieurs ont manié semblables & plus grandes charges sãs aucune litterature, & qu'à beaucoup il n'en est pas mal reüssi. Mais ie soustiẽ que les hommes lettrez en sont encores plus capables, sçauent mieux parler & respondre à chacun ; iuger de la iustice d'vne guerre, de l'equité de toutes pretensions & demandes, se garder d'estre trompez aux traittez & negociations de paix, alliãce ou mariage: où volontiers on employe gens de ceste sorte, mieux peser les raisons, esquiuer vne subtilité ou sophisme, & discourir de toutes choses graues ou familieres: & pour faire en vn mot, celuy est plus à blasmer qui y vient sans ceste qualité, qu'il ne seroit à loüer s'il y apportoit toutes les qualitez necessaires.

Du moins ie luy conſeilleray pendant le temps de ſa legation de s'en acquerir autant que ſon loiſir luy permettra: encores qu'à vray dire il ſoit bien tard de fouïr vn puits quād on a ſoif, ou forger des armes quād on eſt preſt à ſe battre: Sur tout ne monſtrera point qu'il meſpriſe les gens lettrez, faiſant touſiours cas des hõmes de ſçauoir & d'experience que l'on cherit en tous Eſtats bien policez.

Ie trouue donc, que parmy les parties de la Philoſophie, il doit ſçauoir la Morale & la Politique: & ſ'il auoit auparauant eu quelque gouſt du droit ciuil des Romains, cela luy donneroit dauantage de lumiere & plus de facilité à la negociacion des traittez, & à la vuidange de beaucoup d'affaires qui ſe preſentent en aucuns lieux: comme ie vien de dire pour le droit de la ſucceſſiō des Princes, du different des limites, des prinſes, priſonniers, repreſailles & de la marine, dont il eſt le plus ſouuent queſtion en Angleterre, Dannemark, Hollande & autres lieux maritimes: ou de quelque obſcurité, ambiguïté & difficulté des clauſes & articles d'vn traitté.

Sur tout ne doit ignorer les loix, coustumes & obseruances de son païs propre, mesmes en ce qui est de l'Estat: les droits, tiltres & pretensions de la Couronne de son Maistre; & les vsurpatiōs que les autres Princes ont faites sur son Estat. Aquoy l'histoire luy seruira de beaucoup: laquelle outre le plaisir, luy apportera encore cette vtilité, qu'elle luy augmētera la prudēce & le iugemēt aux affaires de sa charge; le fortifiera contre tous euenemens; luy donnera la cognoissance de l'origine, progres & cheute des Royaumes, païs & villes qui n'ont de reste de leur gloire que le nō: fera qu'il n'entrera en esbaïssement de chose qu'il oye lire ou raconter: attendu que l'histoire luy aura fourni forces exemples de semblables accidens: estāt chose bien honteuse à vn homme de sa sorte d'admirer tout ce qui se dit: car l'admiration est fille d'ignorāce; & ceux là sont tousiours enfans qui ne sçauent ce qui s'est fait auparauant eux.

Au reste l'Eloquence est de telle force & si importante à vne telle charge, que s'il en est doüé ou d'art ou de nature, il se fera beaucoup reluire, soit qu'il parle au Prince, au conseil, ou en public; comme on est accoustumé és Estats populaires, ou qu'il entretienne ses amis en particulier. Aussi en plusieurs lieux on nomme les Ambassadeurs *Orateurs.* Mais pour bien parler & de suitte & en bons termes sera bon qu'il escriue & lime premierement ce qu'il aura à dire en public. (*Parato quid vnquam defuit?*) Sans toutesfois s'assuiettir à apprendre par cœur ses harangues, de peur qu'il ne luy arriue comme il fait souuent aux enfans de l'escole. S'il sçait la langue du païs où il est, ce luy sera vn aduantage tresgrãd pour entendre plus parfaictement & l'histoire & les affaires de cet Estat là. Ciceron dit: *Sumus surdi omnes in linguis quas non intelligimus.* Autãt vaut estre sourd que de n'ẽtẽdre ce qui se dit. Toutesfois, plusieurs sans ceste partie n'ont laissé de faire leur charge biẽ & dignement. Et quãd il en sçauroit la langue, i'aimeroi mieux qu'il feignist de ne l'entẽdre, aussi a on plus dauãtage à parler & negocier en sa propre langue; ou du moins en latin, qui est commun à tous, comme on fait en Allemagne, Polongne & ailleurs. Son parler sera graue, brief &

brief & ſignifiãt, ſans y employer beaucoup d'allegations, comme feroit vn maiſtre és arts; ou de mots recerchez & hors d'vſage, comme i'en ay veu faillir pluſieurs par affectation; & faut qu'il ſ'accommode le plus qu'il pourra à la portee du Prince ou du peuple auquel il parle : car qui voudroit pindariſer & farder ſon langage en Suiſſe ou en Hollande, feroit choſe ſuperfluë & ridicule. Les Princes & quaſi tous les Grands, & toutes gens militaires n'aiment pas les grands parleurs, ny les longues harangues, & vn ancien a [illegible]rt bien remarqué au naturel du François qui ſ'eſtudie principalement à l'art de la guerre, & à vn parler bref & ſubtil. *Duas res*, dit-il, *accuratè norunt, rem militarem, & argutè loqui.* Auſſi le Roy à preſent ennuyé du long diſcours d'vn Seigneur nouuellement reuenu d'Italie, luy dit: Faictes le court ie vous prie, ie ſçay bien que vous venez du païs de belles paroles. En vn mot, ſi l'Ambaſſadeur n'a ce don de biẽ dire, & qu'il heſite ou begaye en ſon parler, outre qu'il ne fera poſſible pas grand fruit en ſa legation, il ſera ſouuent la riſee des courtiſans: Et ſi ſes harangues sont trop longues, on luy fera la responce qui fut faite aux Samiens par ceux de Lacedemone : qu'on en auoit oublié le commẽcement, que l'on n'en auoit pas entendu la suitte, & moins encor approuué la conclusion.

Voila à peu pres les sciences que ie iuge les plus requises, & qui sont, à mon aduis, les plus faciles, lesquelles mesmes ou la plus-part il peut apprendre sur les lieux, s'il y fait sejour de quelques annees, toutes les autres ne luy serõt inutiles. Mais il faut qu'il ait en outre d'autres vertus & qualitez tant acquises que nees auec luy, pour bien faire sa legation, & qui luy sont de tant plus necessaires qu'il represente la grandeur de son Prince en vn païs estranger & à la veuë du monde, & que les fautes qu'il fait sont quelquesfois cause du mespris de son maistre, ou de quelque pire effect encores. Car premierement tous sont d'accord qu'il doit estre doüé d'vn bon sens naturel, ioint à vne longue experience des affaires du monde, qui fait qu'vn ieune homme n'est si capable de ceste charge qu'vn homme vieil ou d'aage mediocre. C'est pourquoy Phillipe de Commines disoit estre mal-aisé qu'vn hõme soit sage qui n'a esté trompé [Neantmoins quelquefois vn bel esprit fait honte à l'aage & à l'experience de prou d'autres, tesmoin Monsieur de Beaumont Harlay, qui sert si vtilement le Roy en ceste charge d'Ambassadeur en Angleterre] Toutesfois le vieillard est ordinairement chagrin & maladif; & le ieune trop gay, leger & imprudẽt: Comme vn qui fut enuoyé à quelques alliez de ceste Couronne, lequel se pourmenoit le soir, & partie de la nuit par les ruës auec des gens de son aage, ioüant de la mandore en chausses & en pourpoint; quoy que d'ailleurs il fust homme de bel esprit.

Or la prudence de nostre Ambassadeur se iugera premierement s'il apporte auec soy les qualitez requises, comme i'ay dit, & les choses necessaires à la function de sa charge: sinõ que le Prince la luy ait fait entreprendre soudain & par commandement tres-expres, & sans luy donner loisir de se recognoistre, comme il arriue quelquefois. Car s'il n'a les biens de fortune, ou si d'ailleurs il n'a pourueu à se faire donner vn bon appoinctement, il sera estimé imprudent de s'estre embarqué en vne charge de si grande despence. Et pour les dons de nature, s'il est borgne, bossu, boiteux, ou autrement contrefait, il est certain qu'il n'en sera pas si agreable. Quelqu'vn des anciens disoit que en ces corps mal bastis & vexez l'ame est mal logee, & les Romains ayant vn iour enuoyé deux Ambassadeurs en l'vne de leurs Prouinces, desquels l'vn estoit fort cicatricé à la teste, & l'autre estoit boiteux, il fut dit par risee: *Mittit populus R. legationem quæ nec caput nec pedes habet.* Voicy vn Ambassade qui n'a ny pieds ny teste. Aussi s'il est possible qu'il ne soit inferieur de beaucoup en moyẽs ou qualité à celuy auquel il succede, afin qu'il ne trouue à sa porte: *O antiqua domus.* Pauure maison que tu as bien changé de maistre: ainsi qu'il est arriué de ma cognoissance à quelqu'vn qui venoit en la maison & en la place d'vn Ambassadeur fort liberal & splendide: car on n'y voyoit rien si froid que la cuisine, & si vuide que l'escurie.

Item s'il a sçeu faire bon choix de seruiteurs & domestiques, à quoy il doit principalement prendre garde, pour ne tomber en l'inconuenient d'aucuns, lesquels s'estans accompagnez de valets indiscrets & débordez, en ont eux mesmes payé la folie. Aduis que Monsieur de Bellieure [qui ayant esté plusieurs fois honnoré de ceste charge, & fait son premier apprentissage aux Grisons, par les degrez d'honneur & de merite est arriué finalement à la dignité de Chancelier de France] donne aux Ambassadeurs allans en leurs charges ; conformément à ce que Ciceron disoit à son frere lors Gouuerneur d'Azie en cas pareil: *Horum nõ modò facta sed dicta etiam omnia tibi præstanda sunt.* Tu seras garand, & de leurs actions & de leurs paroles mesmes. Et vn peu apres: *Si innocentes existimari volumus, non solum nos abstinentes verum etiam nostros comites præstare debemus.* Pour faire reluire nostre preud'hõmie, ce n'est assez que nous soyons sages, il faut que nos gens le soient aussi. Et à la verité de ce qui est en l'option d'vn homme, il ne s'en peut prendre à autruy, ains ne s'en doit prendre qu'à soy mesme, s'il en a fait mauuais choix. Il en print mal au sieur de Canny enuoyé de la part du Roy au Duc de Bourgongne en l'an 1417. pour s'estre trop fié en son Secretaire, lequel indiscret ou corrompu auoit fait voir plusieurs copies des instructions de son maistre, & descouuert le secret de sa charge; dōt le maistre fut blasmé au Conseil du Roy & logé dans la Bastille.

Parmy ses domestiques, les Officiers les plus necessaires & dont il doit faire meilleure election, sont les Secretaires & le maistre d'Hostel, Ceux-là pour le soulager au fait de sa charge, faire paroistre ses dépesches, & tenir bon registre, garder fidellement les minutes, ciffres & autres papiers d'importance [lesquels neantmoins seront tousiours mieux sous la clef du maistre:] & cestuy cy pour la dépense de sa maison, laquelle doit estre reglée, & toutesfois splendide en toutes ses parties, principalement à la table & cuisine, à quoy les estrangers, sur tout les Septentrionnaux regardēt plus qu'à toute autre despense. En Espagne & en Italie la table est plus frugale: mais il y faut paroistre en cheuaux, carrosses, habillemens & suitte de gens. Et diray cecy en passant:

Puis que la vertu la plus propre & plus essentielle d'vn Prince est d'estre liberal, celuy qui represente sa grandeur chez les estrangers luy fait tort & s'acquiert vn mauuais nom s'il est chiche & mecanique: n'estãt croyable à plusieurs qu'vn grand Roy ou autre Souuerain luy face tenir ceste place sans luy en donner les moyens: & viennent à croire qu'il serre & mesnage pour soy les deniers de son appoinctement. Il s'en est veu de ce temps qui par leur mesnage & sordidité sembloient y estre allez pour profiter & y faire fortune: au lieu que ceste charge consiste toute en honneur, & estoit autresfois donnee pour honnorer ceux qui d'ailleurs auoient fait bon seruice à la Republique: tellement qu'elle ne doit estre briguee ny trop recherchee, afin de n'encourir le soupçon d'auarice.

Si faut il qu'en ceste despence liberale il apporte sa prudence pour n'exceder de beaucoup son appoinctement, & mesmes pour ne dementir le sujet de sa legation. Car i'en ay veu qui failloiẽt en tous les deux, & leur fut dit: Qu'ils se disoient Ambassadeurs de misere [car aussi alloient ils mendier secours d'hõmes & d'argent] & neantmoins faisoiét despense comme si leur maistre eust possedé les Indes. Et c'est icy que peut valoir l'argument du moindre au grãd: comment fera-il vne charge d'importance qu'il ne sçait pas conduire sa maison & mesurer sa despence?

Il fera pareillement cognoistre sa prudence, si ayant receu commandement de partir, il prend instruction bien signee de tout ce qu'il aura à dire & negocier pour n'estre desaduoüé des choses qu'il aura dictes, traittees & cõcluës: comme il est arriué à aucuns qui s'en sont mal trouuez: & i'en diray encor vn mot cy apres. Il faut aussi qu'il s'instruise par la bouche de celuy qui l'à precedé en la charge: sinõ que son predecesseur l'installe luy mesme, & luy face part en l'installant de tous traittez, memoires & papiers necessaires, & le rende bien informé de tout. Et d'autant que les Secretaires d'Estat ne font si frequentes dépesches à l'Ambassadeur, & ne luy donnent tousiours aduis de ce qui se passe à la Cour & en l'Estat si souuent comme il le voudroit bien, & qu'il seroit

seroit par fois expedient qu'il en eust la cognoissance pour les faux bruits que sement ordinairemēt les ennemis d'vn Estat, mesmes en temps de guerre: & qu'il est honteux à l'Ambassadeur que les estrangers sçachent les nouuelles de son païs deuant luy; il fera fort bien d'auoir quelque amy en Cour qui l'aduertisse souuent de ce qui se fait, voire iusques aux moindres particularitez, par lesquelles il peut quelquesfois faire iugement des choses d'importance. La peine où i'ay veu en Suisse Monsieur de Sillery Brulart, & en Angleterre Monsieur de Beauuoir la Nocle, & assez d'autres ailleurs [il est vray que c'estoit au plus fort des troubles] me fait donner cest aduis à ceux qui vont en legation; & qu'ils n'y doiuent espargner deux ny trois cens escus par an, si besoin est.

Au reste vn homme est imprudent qui de gayeté de cœur se va ietter dans les filets de son ennemy. Aussi ne conseilleray-je à aucun d'aller en Ambassade vers le Prince lequel il auroit offensé de fait ou de parole: car les Princes n'oublient gueres vne iniure, & sont patiens à attendre le temps de se vāger.

Pour le moins est il vray semblable que il n'y fera si bien le seruice de son maistre. D'ailleurs il n'est à propos de commettre ceste charge à celuy qui seroit taché pour crime ou reproche public: ny à celuy qui est sujet du Prince, auquel on l'enuoye: car il en print mal à l'Escuyer Merueilles à Milan, dõt Guicciardin & Du Bellay font mention: du moins le Duc Sforze donna ceste excuse en payemẽt, ainsi que ie diray tantost. Estant au reste & plus à propos & plus conuenable à la grandeur du Maistre que celuy qui est enuoyé soit son sujet naturel, non estranger: ioint que naturellement il y rendra plus de soin & de fidelité, & est honteux de faire recognoistre nostre penurie en fait d'habiles hommes & capables d'vne telle charge: non qu'il n'en ait quelquesfois bien reüssi quand on a employé des estrangers. Sur tout est odieux & de mauuais goust d'enuoyer à vn Prince voisin vn sien sujet pour Ambassadeur, auquel il fera tousiours honneur à regret, se souuenant du pouuoir & authorité qu'vn Prince a sur ses suiets. Il est vray que de ceste reigle on peut accepter les prisonniers de guerre, ou pour negocier leur deliurance & de leurs compagnons, ou pour traitter de l'acheminement à la paix, à la tréue, ou à quelque autre bon affaire : comme il s'est veu és guerres d'entre les Romains & les Carthaginois, & en celles d'entre la France & l'Angleterre.

Vn autre trait de prudence est d'arriuer à temps, & prendre l'occasion à propos. Ce que ie dis d'autant qu'il y en a qui pour le mauuais temps, ou pour la difficulté & hasard des chemins, ou mesmes pour quelque leger empeschement retardent leur partement ou s'arrestent en chemin : tellement qu'à leur arriuee ils trouuẽt les affaires changees, & arriuent comme le medecin apres la mort. Et à ce propos Suetone comte que ceux de Troye enuoyerent leurs deputez à Tibere pour faire office de condoleance de la mort de ses fils, sept ou huit mois apres cest accident. Et moy, dit-il, ie regrette fort la perte que vous auez autresfois faite de Hector vostre bon & valeureux citoyen, & fit rire toute l'assistance : car Hector estoit mort plusieurs centaines d'annees auparauāt. Il faut aussi qu'il se presente en temps & lieu, afin que l'on ne prenne soupçon sur le suiet de sa venüe: comme Tite Liue conte des Ambassadeurs Illyriens, lesquels se tindrēt cachez à Rome quelque temps, attendans possible quelque instruction nouuelle de leurs maistres: qui fut cause de les faire arrester comme espions: dont ils furent en peine de se purger. *Mentitur legationem qui nomen legationis non profert suo tempòre*: dit vn Iurisconsulte: & la legation se rend suspecte qui ne se fait en temps & en lieu. Seruius dit que iadis chez les Romains on tenoit ceste procedure en la reception des Ambassadeurs estrangers, *Legati si quando incogniti venire nunciarentur, primò quid vellent ab exploratoribus requirebatur. Postea ad eos egrediebantur magistratus minores, & tunc demum Senatus: & si ita visum fuisset, admittebantur.* Mais à ce propos de partir d'heure, iadis les deputez des Rhodiēs furent accusez de n'estre partis à iour nommé pour aller à Athenes pour affaire d'importance, & en estoit arriué de l'inconuenient. Eux se defendent & excusent sur le Tresorier qui ne leur auoit baillé les deniers qui leur estoient ordonnez pour leur voyage, mais la replique & le reproche fut, que pour vn affaire de telle importance ils en deuoient eux mesmes auoir fait l'aduance plustost que de perdre vne occasion qui portoit preiudice à l'Estat: du moins que d'heure ils deuoient auoir fait apparoir de leur diligence & protester contre le Tresorier.

Ce n'est assez d'arriuer à tẽps. Il faut, comme ie disois tantost, qu'il se presente & expose sa legation, si tant est qu'elle soit d'importance, car la paresse d'aucuns a donné loisir aux espions de decouurir leurs secrets, & que l'occasion de bien faire s'est perdüe. Alcibiade, vsa de pareille ruse aux Ambassadeurs de Lacedemone, qui en furent moquez: & est arriué assez d'exemples pareils de ma cognoissance: sinon qu'il y eust cause legitime de ne demãder son audience: cõme s'il trouuoit la Cour en dueil, la guerre ouuerte, ou autre accident d'importance suruenu, & non preueu.

Tacitus dit, *Vt initia sunt, spem in cetera fore*: C'est le principal de bien enfourner, vne chose est à demy faicte qui est bien commencee. C'est pourquoy nostre Ambassadeur dés son arriuee donnera de soy si bō odeur, que par sa grauité, courtoisie, affabilité, belle despence, premiere audience, & establissement en sa charge, il face esperer à chacun du bien de sa legation. Il en est de mesme en la guerre & autres affaires du monde, que l'on iuge la fin par le commencement: & est celuy reputé sage qui dextrement sçait donner vne bonne opinion de soy dés l'entree. Ce qu'il fera, non seulement pour le regard de ceux du païs, mais aussi à l'endroit de son maistre par ses premieres depesches, du stile desquelles nous dirons vn mot cy apres. Et fera tres-prudemment de dresser aussi tost ses intelligences de toutes parts suyuant la piste de son predecesseur, y adioustant la correspondance qu'il peut auoir auec ses amis iusques aux païs les plus eslongnez: n'y ayant charge quelle qu'elle soit en l'Estat qui ait plus besoin de sçauoir les occurances du monde, comme ie l'ay ouy tenir aux plus aduisez Ambassadeurs. Ioint que cecy se fait auec peu de frais & souuent auec prou de fruit.

Il se fera aussi paroistre habile homme s'il sçait faire choix de quelqu'vn qui l'assiste & seconde en sa charge, si tant est qu'il en ait besoin; comme à la verité il est difficile qu'il s'en puisse passer, sur tout en païs & charge où il n'a iamais esté. Quelque grãd & habile homme que fust Scipion, si print il auec luy le docte Panætius, autres disent Lelius. Il est vray qu'il doit bien aduiser à qui il se fie: car aucuns de compagnons veulent deuenir maistres & corriuaux; & ayant prins cognoissance des affaires & du secret de la charge, n'en vsent pas tousiours discrettemẽt, & ainsi luy font plus de mal que de bien, de fascherie que de soulagement. Mais il luy est encore plus grief quãd pour soulager son insuffisance ou veiller sur ses actions, on luy donne vn Adioint: car en ce cas il perd toute la grace, & bien souuent le fruit de sa legation; laquelle, comme i'ay dit, n'a pour but que l'honneur.

Il doit pareillement prendre garde à ne receuoir en sa maison & rendre ses domestiques, ceux du païs où il fait sa residence, estãt bien certain que ce sont autant d'espions: sinon ceux de la fidelité desquels il aura eu bonne preuue, comme il s'en trouue aucuns, mais rarement. Ciceron en la mesme epistre dõne ce mesme aduis: disant, qu'on ne se doit beaucoup communiquer à eux, ny leur découurir les affaires de la charge, quelque apparence d'affection qu'ils y apportent : car il en est arriué de bien grands inconueniens ; estant l'Ambassadeur d'ailleurs assez esclairé & ses deportemens espluchez, aussi est-il en lieu si eminent que ses actions ne peuuent estre cachees quelque peine qu'il y rende. Moins doit sa maison seruir d'azile & de retraicte aux criminels de l'Estat où il est, aux personnes suspectes & odieuses. I'en ay veu de mal-voulus & mal-traittez pour ce suiet, aussi est-ce chose trop chatouilleuse : sur tout s'ils sont suiets de l'Estat où il fait sa charge. Ioint qu'intercedant pour eux il se met au hazard de receuoir vn refus, d'où pourroit naistre vn plus grand mal : ie ne dy pas cecy sans cause : & l'exemple en est recente.

Et pour reuenir à ses domestiques, nostre Ambassadeur ne pouuant tousiours auoir l'œil sur eux, tãt pour sa di-

gnité

gnité que pour les occupations de sa charge: le meilleur sera, s'il peut, mener sa femme auec luy: l'œil de laquelle arrestera sans doute infinies débauches de ses gens & de desordre en sa maison, sinon, il s'en peut refier à quelqu'vn des siens qui ait l'œil & l'intendance sur les autres. Mais si luy mesme n'est continent & retenu, il ouure aussi tost par son exemple la porte à la débauche de ses gens: lesquels feront plustost mal en le voyãt mal faire, qu'ils ne feront bien à son imitation: outre qu'il a la bouche fermee s'il les vouloit reprendre ou chastier. *Nimium est negocij continere eos quibus præsis, nisi te ipse contineas.* Il y a bien affaire à rendre les gens sages si tu ne l'es aussi toy mesme: dit le mesme Autheur au mesme lieu. Et Tacitus en la vie d'Agricola: *Domum suam coërcere plerisque haud minus arduum est, quàm prouinciam regere.*

Et à ce propos de temperance, il est requis qu'vn homme constitué en telle charge se modere en ses plaisirs, non seulement pour le regard des femmes, mais aussi pour la bouche & pour le ieu. Il en est quelquefois arriué du scandale

& de la risee. Il y en eut vn lequel estant rencontré la nuit par le guet de la ville receut la hôte d'estre mené prisonnier: & comme il alleguoit sa qualité, il luy fut dit fort brusquement par vn qui feignoit ne le cognoistre pas : l'Ambassadeur de France est trop sage pour aller ainsi la nuit sans suite & sans flambeau. Peu apres vn Ambassadeur estranger, qui pour lors estoit à Paris, allant voir vne femme la nuit suiuy seulemẽt d'vn laquais, fut arresté sous petit pont & mis en bonne garde, iusqu'au matin que le feu Roy en fut aduerty, lequel l'enuoya querir, & tourna tout en risee. Sur tout ne doit toucher à l'honneur des femmes de bien : car les maris & les peres sont impatiens de tels attentats, pour lesquels les Roys mesmes ont esté chassez de leurs Estats, ou tuez par leurs propres sujets.

Quant à l'yurognerie, que Seneque appelle folie volontaire: i'aduouë qu'en Allemagne, Suisse, Polongne, Dannemark & autres païs Septentrionnaux, il faut aucunement s'accommoder à boire auec eux, estant bien certain qu'on leur en est plus agreable : mais aussi se faut-il souuenir de l'Empereur Bonosus lequel enyuroit ordinairement les Ambassadeurs estrãgers pour apprẽdre leurs secrets. Autres ont esté tuez parmy le vin & les festins. Herodote & Iosephe en cõtẽt les histoires. Et à la verité le vin & le secret sont choses incõpatibles, & est ceste faute mal-seante à la dignité de celuy qui represente vne telle majesté. *Legatus enim ipsem reip. faciam secum attulisse videtur*: cõme a gentimẽt dit vn Autheur sur ce sujet. Pour le ieu, i'en ay veu vn autre qui y estoit tellement eschauffé qu'il en oublioit les affaires de sa charge, faisant souuent attendre les courriers de son maistre quinze ou vingt iours pour son plaisir. Il s'accommodera donc de telle façon aux meurs du païs où il est, qu'il n'y force son naturel, ou qu'il ne soit recognu le faire à dessein: car l'vn est ridicule, & l'autre suspect & odieux.

Encor vn effet de sa temperance sera à ne receuoir dons & presens, ny du Prince auquel il est enuoyé, ny d'aucun des siés pour quelque cause que ce soit: sinon lors qu'ayant prins son congé il est prest à monter à cheual. Le Cheualier Paulet Ambassadeur d'Angleterre, ne voulut receuoir la chaine d'or que le Roy luy enuoyoit selon la coustume, sinon lors qu'il fut à demie lieuë de Paris, les dons obligent, & ceux qui les reçoiuent deuiennent serfs de ceux qui les donnent, beaucoup plus s'ils prennent pension ou autre bien-fait, car en ce cas il y auroit ou tache d'auarice, ou soupçon de trahison, & cela est capital en plusieurs lieux.

Mais il n'y a rien qui plus nuise à sa reputation que le parler indiscret, car il s'en void qui à leur table & à tous propos depeschent, non seulement les particuliers, mais aussi les Princes ausquels ils sont enuoyez ; blasment la forme d'vn gouuernement populaire; se rient ouuertement des meurs de la nation où ils sont. Ceste indiscretiõ ne se peut endurer d'vn particulier; mais elle est du tout intollerable de la bouche d'vn Ambassadeur, lequel en ce faisant ne se souuiẽt plus pourquoy il est en la charge ; puis que le but principal & plus apparent d'icelle, est d'estreindre, comme j'ay dit, & entretenir l'amitié du Prince ou du peuple auquel il est enuoyé : &

me faudroit vne rame de papier pour conter les inconueniens qui sont arriuez par telles indiscretions, & le peril qu'ont couru ceux qui ne peuuent cõmander à leur langue. Ie diray seulement auec vn ancien : Celuy qui sçait bien parler, sçait aussi quand il se faut taire. Ioint qu'outre l'importunité du trop parler, cela l'empesche d'escouter les autres, & tirer par ce moyen la verité des choses qu'il doit sçauoir en sa charge. Le grand Tresorier d'Angleterre, Cecille (qui est comme ailleurs le Surintendant des finãces) auoit ceste dexterité qu'il n'en laissoit vn seul à sa table: lequel il n'arraisonnast & escoutast parler à son tour. Et quant à ceux qui ne parlent la langue, cela se peut & doit faire par le truchemẽt: lequel est presẽt à cest effect : sur tous és Estats populaires, ou le moindre veut estre chery cõme le plus grand. Aussi ne me puy-je taire de ceux qui mesme n'espargnent pas leur maistre & leur nation propre, de laquelle ils descouurent les defauts par leurs propos, & authorisent par ce moyen l'opinion qu'en ont les estrangers. La patrie est nostre mere ; nous n'en deuõs reueler la turpitude, & nous en faut estre ialoux comme de nostre propre honneur: estant mal-seant à vn seruiteur de toucher à l'honneur de son maistre, publier les secrets de sa Cour, controller ses plaisirs, & blasmer luy mesme ses actions: mesmes il faut qu'il se garde de dire en public ce qu'il iuge de la Iustice de ses pretensions sur quelque Estat: car où il les faut soustenir iustes, ou s'en taire du tout, & accortement faire changer de propos. Ce sont *Arcana imperij* dont parle Tacitus.

Le courage & la resolution luy sont aussi fort necessaires à cause des hazards, des affaires espineux, des trauerses & fascheries qui ne sont que trop ordinaires à ceux qui seruent les Princes & les peuples: Aussi les Romains & autres Republiques iugeans assez du peril qui accõpagne les legations, honnoroient d'vne statuë la memoire de ceux qui estoiẽt morts en ceste charge. C'est pourquoy vn Ambassadeur Athenien respondit si franchement au Roy Philippe de Macedone, qui le menaçoit de luy faire trancher la teste: Si tu m'ostes ceste teste, ma patrie m'en rendra vne qui sera immortelle: *statuam pro capite, pro morte immortalitatem.* Toutesfois chacun n'auroit ce change agreable, & tel aimeroit mieux se tenir à la siene: Que si les Ambassadeurs eschappoient le peril, & auoient bien seruy la Republique, on leur ordonnoit des recompenses dignes de leur vertu. Le sieur de Stafford Ambassadeur Anglois le iour ou l'endemain des barricades voyant qu'vn Seigneur du party du feu Duc de Guise luy vouloit faire prendre passe-port ou sauue-garde dudit Seigneur, luy fit responce: Ie suis dans la seureté du droit des gens & en la protection du Roy, duquel vous n'estes vous deux que suiets & seruiteurs. Cela partoit d'vne genereuse resolutiõ parmy l'effroy d'vne esmeute populaire, ou les plus mutins pouuoient tout, & les gens de bien craignoient tout. Le feu sieur de Mortefontaine allant Ambassadeur en Suisse, il y a cinq ans, & ayant à passer par le Conté de Bourgongne plein lors de gens de guerre Espagnols & Italiens qui alloient en Flandres, dit fort franchement à ceux du Parlement de Dole, qui le vouloient intimider afin qu'il n'arriuast à temps à la iournee de Baden, en laquelle ils auoient quelque prattique contre le seruice du Roy: qu'il estoit dãs l'asseurance du droit des gens & de la neutralité, & en la protection de Messieurs des Ligues: & qu'ils aduisassent hardiment à luy rendre son passage asseuré: & cela luy seruit: ores que ce qu'il alleguoit du droit des gens estoit fort disputable; ainsi que ie le luy dis aussi tost que nous fusmes hors du peril. I'en toucheray encor vn mot en son lieu.

Au reste, ce sont preceptes trop communs & pueriles de l'aduertir d'estre patient & retenu s'il en void aucuns s'eschapper par impatiẽce, comme font ceux le plus souuent qui cuident auoir droit & raison. Sur tout les Suisses & Allemans qui sont coleriques. Le sens troublé estouffe la raison: & la colere est ennemie de conseil, faisant naistre haine & mespris, & si elle est mal-seante à toute personne, beaucoup plus à vn homme maniant les premiers affaires d'vn Estat, qu'il gaste souuent par sa precipitation, colere & impatience. Le François qui a le sang chaud & l'esprit plus

plus vif, en ſuitte à des promptitudes que les autres nations n'approuuent pas, du moins ſeroient elles plus ſupportables aux gens de guerre, voire en toute autre perſonne qu'en vn Ambaſſadeur & Conſeiller d'Eſtat. Ie deſire toutesfois qu'il tempere ſa grauité, afin qu'elle ne ſoit faſtueuſe, comme eſt par fois celle des Eſpagnols, en leur parler, contenance, train, & démarche. Vn qui a eſté Ambaſſadeur en Angleterre, & depuis en France pour le feu Roy d'Eſpagne ſouloit dire: *Dios es poderoſo en el ciel y el Rey d'Eſpagna en la tierra*, auoit ſes cheuaux & carroſſe garnis de ſonnettes, & n'ayant que trois pas de ſon logis à l'Egliſe, montoit neantmoins à cheual, en littiere, ou en carroſſe luy & ſes gens. Les Gazettes diſent qu'vn autre partant de Rome pour ſuyure le Pape, ſortit auec ſept litieres, ſix carroſſes attelez chacun de ſix cheuaux, deux cens valets, ſoixante charrettes de bagage: & le premier iour ne paſſa point la premiere porte. Ceſte façon eſt trouuee bonne parmy eux.

Reprenons nos erres pour adiouſter à noſtre Ambaſſadeur vne des belles qualitez qu'il se sçauroit acquerir. C'est d'estre & paroistre fort preud'homme: Ce qu'il ne peut mieux que par ces deux vertus, d'estre Charitable & Veritable. Pour le premier, il y en a qui regrettent ce qui se donne aux pauures, & neantmoins font au reste grãde despence: comme si l'vn & l'autre estoient choses incompatibles. Nos ancestres disoient que Prudence & Probité font le preud'hõme. Or que se peut on promettre de la probité d'vn homme qui plaint vn liard à vn mendiant, ou de sa prudence, s'il veut estre estimé liberal, & toutesfois espargne demie douzaine d'escus en aumosnes chacun an? Cecy est gibier pour les Predicateurs, aussi l'Ecclesiaste disoit: *Fili ne auertas oculos tuos ab egeno.* Et s'il ne faut point destourner ses yeux pour ne point voir les miserables: beaucoup moins est il loisible de les rabroüer & gourmander, & à vn refus adiouster vne iniure.

L'autre marque de la preud'hommie dõc est d'estre Veritable, retenu à promettre, & religieux à obseruer ce qu'vne fois il a promis, car naturellement on s'offence moins d'vn refus que d'vne perfidie : Rien ne luy cōserueratant sa creance, mesmes parmy les marchans & gens d'argent : S'estant veu tel Ambassadeur qui par son credit seul a fait vn si notable emprunt, & par cet emprunt vn si signalé seruice à son maistre qu'il en a finalement & merité & receu vne grande recompense : Mais la recompense la plus agreable à vn homme de bien est l'honneur mesme qui luy reuient de sa vertu. Les Allemans & autres nations de ce climat là font bien plus d'estat d'vne parole donnee que nous qui nous en aidons le plus souuent pour nous deffaire des importūs. I'ay tousiours veu Monsieur de Sillery [lequel a esté pres de huit ans Ambassadeur en Suisse, & y a seruy le Roy fort vtilement pendant le desespoir de nos affaires] fort retenu à promettre aux Suisses. Car ces gens là pour la plus part cottent le lieu, le iour & l'heure que l'on a parlé à eux, voire toutes les paroles de l'Ambassadeur, taschans tousiours à l'engager de promesse; gardēt soigneusement les lettres qu'il leur escrit; & prennent droit sur les esperances qui leur sont donnees : & voudroient faire passer cela pour cedule ou obligation: combien plus vne promesse escritte, vne parole donnee. Que nostre Ambasseur se souuienne donc du dire ancien: Pense vne heure auant que parler & vn iour auant que de promettre. Aussi a-on parmy eux temps de se recognoistre & deliberer ce qu'on leur voudra respondre, & en vsent eux mesmes de la façon. Bien plus encor doit-il estre retenu à obliger son Maistre: & ores qu'il en ait tout pouuoir, il fera bien toutesfois, si le seruice du Maistre le permet, de luy en dõner aduis auant la conclusion & le contract passé, car outre que les volontez des Princes reçoiuent changement, ce qu'il aura fait en sera tant plus authorisé, & luy sans reproche. I'adiousteray ce mot en passant sur ce suiet de contracts & traittez, qu'ils doiuent estre couchez en termes clairs, non ambigus, non captieux; & suyure le plus qu'on peut les termes & clauses des precedens. L'Ambassadeur y fait parler le Prince auquel est malseant d'vser de captions & subtilitez, de peur qu'il ne luy soy dit cõme à l'Empereur Charles le quint par le Duc

Maurice sur l'equiuoque de ces deux mots; *Enig & Ewig* : Sire, ces subtilitez sont bonnes à vn Aduocat, mais non à l'Empereur.

Il est vray qu'il n'y a gueres charge publique où l'on mente d'auantage, & quelquefois par le commandement du Maistre & pour le bien de son seruice, comme ie diray tantost. I'en ay veu qui par vne habitude de mentir, de gens veritables deuenoient en fin menteurs fort asseurez. L'Ecclesiastique aussi dit que la coustume en est mauuaise. *Noli velle mentiri omne mendaciū: assiduitas enim illius non est bona.* Autres y a qui pour ne mentir si ouuertement s'aident de termes ambigus & couchez auec tel artifice que les plus aduisez ne sçauent ou y prẽdre l'Ouy ou le Non. En ceux-cy y a moins de mal: & si eschappent mieux quand ils sont sommez; & font moins de tort à leur Maistre & à sa reputation, toutesfois ceste drogue est bien tost esuentee & descriee: & le menteur gagne ce point que lors mesmes qu'il dit vray l'on ne le croy point. Qu'il soit donc veritable en ses paroles, memoratif de ce qu'il a promis, esgal à soy mesme, tenant tousiours pareilles maximes en ses discours; afin que le contraire ne luy soit mesmes imputé à folie & legereté.

Icy se fait vne question: Sçauoir si pour viure ciuilement l'on doit estre plus enclin à refuser qu'accorder: d'autant qu'aucuns rendent toutes demandes & requestes si difficiles qu'ils semblent le faire à dessein pour s'en excuser. Les autres ne refusent iamais rien pour ne mescontenter personne d'abordee. Guicciardin semble pancher en ceste opinion, qu'il ne faut rien refuser absolument: d'autant, dit-il, que si la requeste est de l'aduenir, ou de chose qui depende de la volonté d'autruy, il suruient beaucoup de cas par lesquels tu peux demeurer quitte de ta promesse: là où refusant tout à plat, ou rendant l'affaire plein de difficulté, tu offenses ton amy. Ie croy qu'il y a vn moyen entre ces deux extremitez: car le sage Ambassadeur donnant autre conseil & addresse, ou tesmoignant vne bonne volonté par autres gracieux effects & paroles honnestes, peut addoucir le refus que souuent il est cõtraint de faire aux demandes qui luy sont faictes hors de temps & sans raison. Leçon pour les Ambassadeurs de Suisse & des Grisons en particulier, desquels la charge est remplie de ces importunitez. Ie dy pour ceux qui y viendront apres Monsieur de Vic; car ayant acquis tant de reputation és autres charges qu'il a faites par cy deuant, il se surmonte soy mesme en celle-cy.

Et pour retourner à nostre propos, le mesme Guicciardin dit, que quand vn Prince veut tromper son compagnon, il trompe premierement son Ambassadeur, afin que ses raisons soient plus viues & ses persuasions portent coup: car il y a moins d'affection à ce qui est simulé. Mais s'il faut qu'à son escient il mente pour seruir son maistre, comme i'ay dit? Aucuns l'excusent sur le commandement du Maistre, disant qu'il est suffisamment deschargé d'auoir fait ou dit ce qui luy estoit enioint: ne plus ne moins que le sujet qui porte les armes pour son Prince, & ne s'enquiert si la guerre est iuste ou non. Mais certes cela est dur à vn homme de bien qui ne blesse volontiers sa conscience pour s'acquerir tiltre d'habile homme: cela est dur à vn homme genereux & ouuert, qui en mentant fait force à son naturel: car mentir & dissimuler sont marques certaines d'vn cœur non noble & d'vn homme mal né. Aussi le Satyre ne voulut plus conuerser auec l'homme depuis qu'il l'eust veu souffler le froid & le chaud d'vne mesme bouche. Ioint que l'homme de bien se doit tousiours mettre deuant les yeux l'honneur & la conscience, quand bien il y auroit de l'vtilité à faire mal. Mais il y a bien à dire entre le Bon dol & vne Fraude pour nuire à autruy: estât certain que le bon dol à souuent seruy à ceux mesmes que l'on amusoit de paroles douces, & repaissoit d'esperance: & est on par fois contraint d'vser de cet artifice, pour rompre vne mauuaise resolution: & prend on temps cependant d'en donner aduis au Maistre, & y apporter du remede. Les Gabarnites mentoient, disant que leur païs estoit lointain: mais ils n'auoient moyen autre de se conseruer. Abraham & depuis son fils Isaac mentoient, disant de leurs femmes que elles estoient leurs seurs: mais c'estoit pour

pour ſauuer leur honneur. ὑπολαμβάνω τὸ ψεῦδος ἐπὶ σωτηρίᾳ λεγόμενον οὐδὲν περιποιεῖσθαι δυσχερές : diſoit Diphilus. Le menſonge pour euiter vn danger ne porte nuiſance à perſonne. Ce qu'aucuns appellent *Officioſum mendacium*, quand on ment pour appaiſer la colere de quelqu'vn, ou pour impetrer le pardō à quelqu'vn. Et Darius chez Herodote dit : Quand il eſt expedient de mentir, il faut mentir. Ce qui ſe doit touſiours reſtreindre dans les termes du bon dol. Il falut bien deguiſer aux Ligues de Suiſſe, en Allemagne, en Angleterre, & aux autres Eſtats & Princes Proteſtans la folie de la ſainct Barthelemy : & ſçay qu'aucuns de ceux qui y furēt employez s'en fuſſent volontiers d'eſchargez ſur de plus habiles menteurs ; Mais quoy ? C'eſtoit pour le ſeruice du Roy, & pour eſſayer à garantir noſtre nation d'vne tache que nulle eau neantmoins n'a ſçeu depuis effacer.

SA CHARGE EN GROS.

PArlons maintenant du fait de ſa charge ; mais en general, d'autant

G

que la diuersité d'Estats & d'affaires requiert aussi diuersité d'instructions: car autrement a-il à se porter en vn Estat populaire qu'auec vn Prince Souuerain. Les harangues & declamations sont encor en quelque vsage parmy les peuples & Estats populaires: & les leur faut apres bailler par escrit, par-ce qu'ils ne veulent estre surprins, & veulent temps pour respondre. Il s'obserue plus de formalitez & complimens en vn lieu qu'en vn autre. En Suisse faut plus d'argent que d'artifice: plus de bonne chere que de belles paroles. C'est pourquoy aucuns d'eux me prierent de dire au Roy, qu'ils auoient besoin d'vn Tresorier auec de l'argent & non d'vn Ambassadeur auec des paroles. En d'autres Estats l'honneur à plus de lieu, les complimens, les fleurs de Rhetorique. La consideration mesme de la religion a eu plus de force que l'argent à l'endroit de quelques Princes: & en auons eu l'experience de nostre temps. Aucunes instructions sont limitees, les autres au pouuoir de celuy qui est enuoyé comme sont les affaires secrets & desquels on ne peut auoir lumiere & cognoissance que sur le lieu pour y faire la guerre à l'œil. Aucunes aussi sont pour vn tẽps, pour vn affaire: les autres sont pour long temps & pour diuers negoces, & pour la difference des affaires, elle est infinie, comme i'ay dit. Bien luy peut on donner ceste reigle generalle: Qu'autant qu'il luy sera possible il employe les paroles, termes, raisons, & cõclusions portees par son instruction, buttant tousiours à la volonté de son Maistre. Demosthene disoit: Nous ne leur dõnons pas des armes, ou des vaisseaux de guerre à conduire: mais bien des paroles, des iours, des heures & des momens, aussi ont ils à rendre compte iusqu'aux syllabes & minutes s'ils font chose au preiudice de la Republique. Platon en sa Republique veut que ceux qui ont fait ou dit vne chose pour l'autre soient punis de mort. *Mandatum iisdem verbis, quoad eius fieri poterit, perfici debet:* ce dit la loy, Mesme l'Ambassadeur doit desirer que sa charge luy soit baillee par escrit, quand l'affaire qu'il va traitter est de grande consequence, ou que le sujet en est odieux. Et en ce cas il sera bien conseillé de bailler son dire par escrit, comme firent ceux que le Senat deputa vers Anthoine, de peur de le fascher: Et comme nagueres fit vn Ambassadeur de Paris à vne Princesse voisine, à laquelle il portoit parole auec menace, si elle ne se deportoit de donner secours à ses alliez, & fit bien: car on auoit resolu de le retenir s'il n'eust mõstré son instruction bien signee. Or quand mesmes il ne seroit bien reüssi de l'affaire pour lequel il est enuoyé, il sera excusé d'auoir suiuy son instructiõ. Ioint qu'en vn pouuoir limité l'on n'est tousiours receu à dire: I'ay mieux fait qu'il ne m'auoit esté commandé: car c'est vouloir estre plus sage que son maistre & son conseil. Exemple au fait de la guerre en Posthumius, Manlius & autres Romains qui firent mourir leurs propres fils pour auoir sans cõgé combattu l'ennemy, quoy qu'auec vn heureux succés. Exemple en celuy lequel ayant receu commandement de faire amener vn grand mast de Nauire, en choisit vn moindre qu'il disoit estre plus propre: & disoit vray, neantmoins en fut blasmé. Et du temps de nos peres le Mareschal de Thermes commandant en Escoce à l'armee du Roy donna recompense à vn soldat qui premier estoit monté sur le bastion d'vn fort qu'il assiegeoit, dont estoit suiuie la prinse dudit fort; & vne heure apres le fit pendre & estrangler pour auoir esté si hardy d'y estre allé sans commandement. Mais sans sortir du sujet ou nous sommes, Metrodorus enuoyé de la part de son Maistre Mithridates au Roy Tigranes pour le conuier à se ioindre en la guerre qu'il alloit faire aux Romains, fut chastié pour auoir fait ceste responce double à Tigranes lequel luy en demandoit son aduis: En qualité d'Ambassadeur ie te le conseille: mais cõme Metrodorus, ie n'ẽ suis pas d'auis, & disoit biẽ, car son maistre se fust bien passé d'vne si hazardeuse entreprise.

Il vaut donc mieux faillir en obeïssant que de courir risque d'estre desadvoüé en bien faisant: sur tout en ces pouuoirs limitez. Mais les Princes quelquesfois sont bien mauuais garans des choses qu'ils ont cõmãdees; cõbiẽ plus de celles qu'ils n'ont point cõmandees? Les Atheniẽs firẽt mourir les Ambassadeurs qu'ils enuoyoient en Arcadie pour auoir prins autre chemin qu'il ne leur auoit esté commandé. Et n'y a pas trop long temps qu'vn Secretaire d'Estat escriuoit à vn Ambassadeur, lequel auoit de son mouuement & non sans propos, toutesfois, hazardé quelques deniers du Roy par vn chemin perilleux: Sa Majesté le trouua bon puis que l'affaire à bien reüssi. Aussi n'arriue-il pas souuent que l'Ambassadeur ait le temps si bref qu'il n'en puisse donner & demander aduis à son Maistre. Ce qui est tousiours le plus seant & le plus seur, pour luy faire apparoir de son respect & de sa diligence.

Autre chose est *de libero mandato*, & des instructions non signees ny limitees: ou bien de celles ausquelles les Atheniens adioustoient, *Legati præterea quidquid boni possunt agunto*. En ce cas ils auoient toute liberté de traitter, faire & conclure ce qu'ils iugeoient estre vtile pour le seruice de leurs Souuerains. Aussi y a-il des affaires si secrets, si importans, si vrgens, si precipitez, qu'il est expedient de commettre tout à la prudence de l'Ambassadeur, comme dit Tacitus parlant de Drusus enuoyé de la part de son pere Tibere vers les legions mutinées : *Nullis certis mandatis ex re consulturum mittit* : & comme iadis au peril de la Republique on remettoit tout au pouuoir & volonté du Dictateur. Toutesfois les hommes constituez en grandes charges sont si exposez à l'enuie & à la calomnie, que nostre Ambassadeur fera bien sagement de ne conclure rien sans le commandement de son Maistre, comme i'ay tantost dit hors de son lieu : sinon, & que l'affaire ne souffrist remise, en communiquer auec deux ou trois des plus entendus seruiteurs qu'ait son Maistre au païs où il est. Car venant l'affaire à baster mal, il euitera le reproche de l'auoir fait seul & sans conseil. Ce que ie dis aussi & principalement pour celuy qui auroit ses memoires articulez & signez, auquel neantmoins seroit arriué accident nouueau non preueu ny porté par son pouuoir. Car souuent les Agens & ministres des Princes trouuent mesme à leur arriuee les affaires autrement disposez qu'on ne s'estoit figuré, sur tout en temps de guerre & païs esloigné. Et faut à nouuel affaire aduis nouueau: cõme s'il luy auoit esté commandé d'vser de termes doux & gracieux, il sera possible plus à propos qu'il parle brusquement & auec menace: ou de changer ou obmettre quelques choses portees par sa creance.

Il aura pareillemẽt cet aduis de moy, que par trop de diligence & affection il ne donne ou augmente le soupçon que l'on pourroit auoir du sujet de sa venuë, & ne le descouure par trop d'artifice & de langage. Les grands preparatifs de celuy qui craint d'estre attaqué fait croire sa peur: & sa peur augmente le cœur à son ennemy: estant d'ailleurs certain que toutes choses affectees, deguisees & amplifiees naturellement se rendent suspectes.

Vn autre aduis encore. C'est qu'il y en a qui d'abordee font les affaires de leurs Maistres ou Republique si foibles, si desesperez que rien plus, pensans esmouuoir à pitié, & estre plustost secourus; mais plusieurs Princes mesprisent les necessiteux & ne font bien qu'à ceux qu'ils craignent, ou desquels ils attendent vtilité. Aucuns mesmes reiettent les miserables, cuidãs qu'ils sont aban-

abandonnez de Dieu & de la fortune tout ensemble : comme si Dieu n'auoit autre benediction que celle des biens de fortune, mais vn sainct Pere de l'Eglise dit sainctement : *Multa Deus negat propicius quæ concedit iratus.* Dieu n'est pas tousiours courroucé quand il nous denie quelque chose. Dieu n'est pas tousiours appaisé quand il nous accorde quelque chose. Il faut donc se souuenir, que souuent la mine fait le ieu : & que la cõpassion ne loge qu'en vn cœur vrayement humain & chrestien : rarement certes és cœurs des grands & de leurs Conseillers.

Nous disons donc que plusieurs choses doiuent estre laissees à la discretion d'vn prudẽt Ambassadeur, sans luy lier ainsi la langue & les mains. *Mitte sapientem & nihil dicito.* Mais s'y estant porté en homme de bien, c'est meschamment fait de le payer d'vn desadueu : & ne meritent tels Princes d'estre seruis de gens de bien, sur tout quãd ils ont bien fait. L'industrie & la diligence sont de nous, & l'heureux succés est du Ciel. Il y a neantmoins des choses sujettes à desadueu : comme sont les paroles hautaines & insolentes dont auroit vsé l'Ambassadeur, ou bien les menees & prattiques qu'il fait en l'Estat où il reside, si c'est sans commandement: Et sans attendre le desadueu, les peuples mesmes y ont pourueu. Entr' autres y a loy expresse aux Grisons du mois de Feurier M. D. LXXX. par laquelle est defendu à tous Agens, Ministres & entremetteurs des Princes estrangers, de ne faire menee secrette ny ouuerte, ny mesme proposer quelque chose de nouueau parmy le peuple sans en aduertir. l'assemblee generale de leurs trois Ligues, sur peine d'estre arrestez prisonniers. Ceste loy est tacitement en tous autres Estats, si elle n'y est exprimee: & en parlerons tantost en son lieu. Pour les paroles, il est certain que quelque Souuerain que soit le Prince, ou grande la Republique qu'il represente, le respect & la ciuilité qu'il se promet est reciproque de sa part: Le plus ou le moins est remis à sa discretion; laquelle il doit auoir pour guide & maistresse en toutes ses actions. Le Kzar ou grand Duc de Moscouie fit clouer le chapeau sur la teste d'vn Ambassadeur qui ne luy auoit fait assez d'honneur. Tel eust mieux aimé mettre son chapeau sous ses pieds. Le Docteur B. parlăt au Conseil du feu Roy de la part de son Maistre vsa de paroles si peu ciuiles qu'il offensa chacun: & ne creut on pas que sa creance portast ce langage, toutesfois on ne voulut rien aigrir alors. Anthoine fit fouetter l'Ambassadeur d'Auguste pour auoir parlé à Cleopatra auec trop peu de respect: & Emanuel Empereur Grec fit creuer les yeux à celuy de Venise pour semblable suiet. Car quelquesfois les Ambassadeurs s'appuyans de la grandeur de leurs maistres s'oubliĕt, & sur tout ceux qui sont nourris és Estats populaires, & qui sont accoustumez à vne liberté de parler, comme iadis les Romains. C'est vne histoire remarquable de l'vn des deux Ambassadeurs que ceux de Thebes auoient enuoyé au Roy Artaxerxes, lequel voyant l'honneur trop grand & proche d'adoration que l'on rendoit à ce Roy, pour n'estre reprins d'en auoir trop ou trop peu fait, feignit en le saluant de releuer son aneau qu'il auoit exprés laissé choir à terre. Au contraire

Timagoras enuoyé de la part de ceux d'Athenes au mesme Roy, fut reprins pour luy auoir fait honneur non comme Bourgeois d'Athenes, ains comme sujet de Perse. De mesmes y a de grandes submissions à faire au grand Seigneur, par tous les Ambassadeurs ausquels ou à la plus part il donne plat & entretenement de bouche, & y a peril à les obmettre. Car il n'en prendroit pas possible à tous comme autresfois à vn Ambassadeur de France si ialoux de la dignité de son maistre qu'il se desueloppa dextrement des mains des deux Baschas qui le conduisoient selon la coustume, & soudain se presenta au grād Seigneur sans luy faire autre honneur que celuy qui se rend aux Princes de la Chrestienté. Sa franchise & naïueté luy furent pour excuse, mais son successeur en la charge, qui estoit son neueu, n'en voulut vser de mesme. Il doit donc tenir son rang & la dignité de son Maistre, pourueu que ce soit sans mespris du Prince auquel il est enuoyé, & ainsi en parle Monsieur de la Noüe en ses iudicieuses obseruations sur Guicciardin.

Voicy encor vn autre aduis qui n'est à negliger. C'est qu'il n'accepte charge ny commissi on d'autre que de son maistre. L'Ambassade & la Comedie sont choses dissemblables. On n'y peut pas ioüer diuers personnages sous diuers accoustremens, de peur qu'il ne luy en prenne comme à vn Ambassadeur enuoyé vers l'Empereur: lequel estãt prié par vn Cardinal de faire pour luy la foy, hommage & submission de quelques terres tenuës de l'Empereur, y fut receu, mais non sans moquerie de ceux qui l'auoient veu le iour precedent en sa dignité d'Ambassadeur, laquelle il denigroit par ceste soubmission, faisant tort à sa reputation, & à la grandeur de son maistre tout ensemble. Non plus qu'à son retour de sa charge, il ne doit apporter creance ny message de celuy auquel il auoit esté enuoyé hors du negoce qu'il estoit allé traitter: car cela est suspect & mal-seant, si ce n'est entre Princes proches parens & fort amis, & pour affaire commun entr'eux, & non odieux.

Or pour reuenir au fait de sa charge, s'il n'en a leçon par escrit, il n'y a point de danger de luy dire en gros, qu'il fera bien d'apprendre quelle est la forme de gouuernement du païs où il est ; ses limites, grandeur & estenduë; les meurs du peuple; le nombre des places fortes, Haures & vaisseaux; l'arsenac; les forces militaires par mer & par terre; ce qui se peut tirer du païs sans dégarnir ses frontieres & places d'importance ; les aduenuës au païs ; le reuenu ordinaire & extraordinaire; le thresor & moyens contens ; les alliances offensiues & defensiues auec les autres Princes & Estats voisins ou esloignez, quel traffic, commerce, abondance & fertilité: & si c'est vn Prince, cognoistre son humeur & inclination, & de ceux qui le possedent: sçauoir le mescontentement que le peuple a de ses déportemens, les ialousies & menees des Grands, les factions & particularitez en l'Estat, & si c'est pour l'Estat ou pour la religiõ, ou pour autre sujet: sa despence annuelle tant pour sa maison que pour ses frontieres & garnisons. Sur tout qu'il ait tousiours l'œil aux champs pour descouurir s'il s'y remuë quelque chose contre le seruice de son maistre, ou contre ses alliez. Ce qu'il apprendra beaucoup mieux s'il se rend assidu à la suite de la Cour, sinon lors que le Prince se dérobe pour ses plaisirs : car en ce cas il se rendroit suspect ou importun és Estats populaires, se trouuer souuét en leurs dietes, iournees & assemblees, ou y auoir quelqu'vn des siens, afin qu'il ne si prenne aucune mauuaise resolution au preiudice de son maistre.

Il doit aussi voir les principaux Conseillers, les Secretaires d'Estat, & entre autres celuy qui a le departement des affaires estrangeres, les traitter par fois, auec splendeur & affabilité; mais rarement. Il verra aussi les Ambassadeurs des autres Princes & Republiques, qui resident en mesme Cour; mais sobrement, pour ne donner ombrage de soy. Vn Ambassadeur estranger qui naguéres estoit en nostre Cour, ne voyoit personne, & ne se laissoit voir qu'en trois mois vne fois. Dieu sçait aussi si ses depesches estoient maigres & steriles. Cyneas Ambassadeur de Pyrrhus aux Romains faisoit bien mieux. Il cognoissoit tous les Senateurs & les salüoit chacun par son nom. Cela le rendit agreable & bien voulu. I'ay veu des Ambassadeurs de Venise prattiquer ce que dessus fort dextrement : aussi n'ont ils la plus part que faire de ceste instruction, car les relations qu'à leur retour ils ont accoustumé de presenter à la Seigneurie, rend instruits ceux qui vont apres eux, de ce qu'ils doiuẽt sçauoir en vn Estat.

Si faut-il en cecy aussi biẽ qu'en toutes les autres parties de sa charge que nostre Ambassadeur apporre vne grande discretion, tous Princes estant naturellement ialoux du secret de leurs Estats. Il y en a loy expresse d'Honorius & Theodose *de alieni regni arcanis nõ scrutandis*. Il me souuient de feu Monsieur B. qui auoit suiuy feu Monsieur le Duc d'Anjou en Angleterre, y estre mal voulu pour son indiscrete curiosité, quoy que d'ailleurs il fust estimé pour son sçauoir. Au disner d'vn Seigneur Anglois il se mit à parler de la succession [chose entr'eux odieuse & capitale] & asseuroit qu'vne certaine Princesse en estoit heritiere presomptiue, nonobstant quelque loy qui semble exclure ceux qui sont nez hors du païs:

païs : & encore disoit-il, ie ne sçay ou est ceste loy, quelque diligence que i'aye renduë à la trouuer. Soudain luy fut respondu par ce Seigneur : Vous la trouuerez au dos de la loy Salique. Repartie iudicieuse & piquante, & qui arresta tout court la curiosité de cet homme, laquelle estoit à la verité hors de saison en toutes sortes : car il se traittoit lors du mariage de son Maistre auec la Royne d'Angleterre. Aussi Plutarque ne met pas ce discours de Bodin parmy les propos de table. Et à la verité on se faschoit que cet homme auoit escrit & publié des affaires d'Angleterre, au rapport de quelques particuliers, & sans autre verification. Il faut donc en ceste recherche estre merueilleusemēt discret & consideré. En France tout est exposé à la curiosité des estrangers, partie par nostre liberté naturelle à parler de toutes choses, partie à cause des factions en l'Estat & les diuisions en la religion qui ont deschiré la France depuis quarante ans : mais principalemēt pour la grandeur & estenduë de cet Estat, auquel il est plus mal-aisé de remedier à ce mal qu'en vn moindre Royaume ou petite Republique, où l'on sçait mieux faire taire les particuliers.

Entre les moyens de s'informer des affaires d'vn païs, outre l'argent qui fait ouurir les cabinets les plus secrets des Princes, il y en a vn plus ouuert & moins suspect. C'est le traittement de table, qui oblige beaucoup de gens, & sur tout ceux qui pour auoir vne repeuë franche, ou tirer quelque douzaine d'escus de l'Ambassadeur, vont fureter toutes les nouuelles & les luy content à sa table ou à part. Il est vray que elles ne sont tousiours de bon alloy: & est besoin à vn homme prudent de les bien peser & verifier auant que d'en faire son profit, & s'il est possible qu'il attende le progres & issuë d'vn affaire, & l'effet d'vn conseil prins, auant que d'en donner aduis: toutes choses de ce monde estant sujettes à mutation. Vn Gentilhomme au demeurant fort accomply lequel au commencement de ces troubles derniers auoit esté enuoyé à la Cour pour entendre ce qui s'y brassoit contre son Maistre, & ceux de son party, se laissa piper des paroles de Cour, ayant oublié le premier secret de sa charge: De prendre plustost garde à ce qui se fait qu'à ce qui se dit. I'en ay veu faillir d'autres, lesquels de desir qu'ils auoient de faire nouuelles depesches, escriuoient tout indifferemment faux ou vray, & souuent à la premiere responce qu'ils receuoient de la Cour estoiẽt par quelque trait de risee payez de leur diligence. Autres tombent en ceste extremité d'escrire iusques aux plus petites occurrences d'vn païs, les querelles des particuliers, les amours des femmes de Cour, les executions de Iustice, les reiglemens aux finances & en la police, ou autres choses friuoles, ou qui ne regardent point l'Estat, ny plus ny moins que ces aduis & Gazettez d'Italie qui ne sont quasi propres que pour amuser les gens oisifs. Il est vray qu'il se trouue des Princes & des Dames qui veulent tout sçauoir, & pour contenter leur curiosité, i'en voudrois faire lettre à part, laquelle n'estant meslee auec les affaires de la charge, n'auroit que faire d'estre portee & leuë au Conseil.

Icy l'on demande si l'Ambassadeur doit donner aduis à son Maistre de tous ce qui ſe dit de luy mal à propos : d'autant que l'aduertiſſement luy en peut venir d'ailleurs que de ſon Ambaſſade, qui en telles choſes ſe doit bien garder d'eſtre preuenu. Il me ſouuient à ce propos de l'Agent d'vne Princeſſe voiſine, lequel voyant le tort que tel rapport feroit au ſeruice & party commun de l'vn & de l'autre, aima mieux taire les paroles indiſcrettes qu'il auoit ouïes. Ie loüay & admiray ſa diſcretion, l'exhortant en ſemblables occaſions de donner au public vne offenſe particuliere d'vn particulier yure ou eſtourdy. Auſſi Philippe de Commines ſe plaint que pour peu de paroles r'apportees, on a ſouuent rompu vne bonne alliance, ou empeſché vn bon & vtile effet. Autre choſe eſt, ſi en plein conſeil du Prince, ou en chaire par les Predicateurs, ou au theatre par les Comedians, ou par eſcrit & libelles, il voyoit l'honneur de ſon Maiſtre diffamé, car il l'en doit auſſi toſt aduertir, & quant & quant en demander iuſtice & reparation à ceux qui la luy doiuent, ſe moderãt neantmoins pour ne faire le mal plꝰ grãd qu'il n'eſt, car il en prend comme des Dames, leſquelles souuent pour trop defendre leur honneur le rendent plus douteux & suspect, sur tout quand elles y apportent de l'affection & de l'animosité. Tacitus: *Conuicia, si irascare, agnita videntur, spreta exolescunt.*

Mais si luy mesme reçoit quelque iniure en son particulier, ou d'aucun des siens? Il faut distinguer si l'iniure luy est faite en public, ou du Prince, ou du peuple pres lequel il reside: comme cet Ambassadeur Romain auquel en plein theatre ceux de Tarente ietterent de la fange & de l'vrine. I'ay, dit-il, plus que ie ne demandois, mais vn iour vous lauerez ma robe de vostre sang: & en fut la prophetie vraye. Aussi doit-il incontinent aduertir son Maistre, pour en faire ainsi qu'il iugera estre pour le mieux. Ou bien si l'indignité luy est faite par quelque particulier: en ce cas le chemin de la plainte lui est ouuert pour en tirer sa raison par la voye de la Iustice ordinaire, laquelle infailliblement luy sera renduë si on ne veut rompre auec son Maistre. Elle n'est déniee aux estrangers par le mesme droit des gens. Platon dit, que Dieu a vn soin particulier des estrangers : & plus l'estranger est esloigné du secours de parens & amis, plus est il en la protection de Dieu. *Omnia in peregrinos quam in ciues peccata grauiora sunt, & magis vltori Deo curæ.* Ioint que la personne du Prince semble estre violee en la personne de l'Ambassadeur, lequel s'estant mis en sa protection & sous l'asseurance de la foy publique, a receu vn tort ou vne indignité, & est obligé de luy en faire faire toute Iustice & reparation.

Disons vn mot de ses depesches: d'autant qu'on ne sçait le plus souuent ce que fait vn Ambassadeur en sa charge que par ce que luy mesme en escrit. L'on auoit vn iour oublié qu'il y eust vn Ambassadeur en Dannemark, si le feu sieur de Danzey, Gentilhomme des plus accomplis, & qui y a esté plus de trente ans, ne se fust en fin ramenteu. Ioint qu'en païs si esloigné & où l'on n'a gueres d'affaires, vn Ambassadeur n'a souuent trop ample sujet à faire cognoistre sa vertu ; & que les choses ne valent que ce qu'on les fait valoir: il fera bien de se faire paroistre par ses depesches, lesquelles sont veuës & considerees par les Secretaires d'Estat, leuës au conseil & representees au Prince selon le merite du sujet. Elles seront dõc graues, brefues, serrees, contenãs beaucoup en peu de paroles, couchees en termes plustost communs que recherchez: meslees par fois de pointes & traits sententieux, rarement toutefois, & pour estre plus intelligibles, il seroit bon d'articuler chacun affaire à part: comme sont ordinairement celles de Monsieur de Villeroy premier & tresdigne Secretaire des commandemens, & en vsent ainsi en la plus part des Chãceleries d'Allemagne. Ne pouuãt pour ma part approuuer la façon d'escrire de ceux qui se gehẽnent à vne entresuitte & liaison perpetuelle de leurs lettres, nõobstãt la differẽce d'affaires qu'elles contiennẽt: & semble que ce soit quelque grotesque ou autre ouurage lié de pieces r'apportees. Mesme si le seruice du Maistre le peut souffrir, i'aimeroy mieux ne faire nouuelle depesche que ie n'eusse responce à la precedẽte. L'ordre & methode en toutes choses soulage l'esprit & augmente la memoire. Aussi s'il eschet qu'il faille faire pluſieurs lettres ſur meſme ſuiet & pour meſme lieu, comme il arriue ordinairement, il fera bien d'en diuerſifier les termes & le ſtile le plus qu'il pourra, afin qu'elles ne reſemblent à vn protocole de Notaires.

Il faut auſſi parler de la preſeance: où il y a mille belles choſes à dire, qui ſont pour vn diſcours à part. Ie diray ſeulement que ſi l'Ambaſſadeur veut tirer honneur de ſa charge, il eſt raiſonnable qu'il luy face honneur, & qu'il ſoit ialoux du rang & place qui eſt deu à ſon Maiſtre, ſans en rien ceder à vn autre. Les Princes & Eſtats ſouuerains ont ſouuent plus chere la conſeruation de leur rang & dignité que de leurs terres & poſſeſſions. Auſſi Arſaces fit mourir ſon Ambaſſadeur pour auoir quitté ſon rang à Sylla: ce dit Plutarque.

Il eſt vray que touſiours telles diſputes n'arriuent pas: d'autant que quaſi par tout chacun ſçait ſon grade & ſa ſeance. En la Cour de Rome depuis cinquante ou ſoixante ans, l'Ambaſſadeur d'Eſpagne a diſputé la préſeance à ceux de France. Il y en eut grande altercation au Concile de Trente. A Veniſe elle

elle a esté adiugee à celuy de France. Le feu Aduocat Pithou asseure que par tous les Prouinciaux de toutes les Eglises Cathedrales de la Chrestienté imprimez à Rome iusqu'à present, le Roy de France est mis le premier des autres Roys, estant suiuy par le Roy d'Angleterre, puis par celuy d'Espagne Bodin dict, qu'en la ceremonie de l'ordre d'Angleterre la place du Roy de France est à la main droite de celle du chef de l'Ordre : & ainsi fut arresté au chapitre tenu la veille S. George patrõ de l'ordre en l'an 1555. par les Cheualiers de la Iartiere, ores que le Roy d'Espagne eust espousé Marie, seur aisnee de la Royne d'auiourd'huy. Ie croy qu'on ne luy feroit pas moins d'honneur en Escoce, Dannemarc, & chez plusieurs Princes & Potentats d'Allemaigne & d'Italie. Mais l'Empereur proche parent, de mesme nom & armes que le Roy d'Espagne, donne la precedence à son Ambassadeur: & le feu Empereur estoit content qu'elle fust alternatiue (comme estoit anciennement celle des Consuls Romains, & à present celle des Bourgmaistres &

Auoyers en aucuns Cantons de Suisse) afin de ne fascher ny l'vn ny l'autre. Le Roy manda neantmoins à Mõsieur de la Forest son Ambassadeur, qu'il n'innouast rien en cest affaire sans son expres commandement. Le Senat de Pologne en semblable different ordõna que le premier venu seroit le premier ouy. Autresfois au Concile de Constance celuy d'Angleterre la debatit auec celuy de France: mais son plus fort argument estoit le tiltre que son maistre prenoit lors de Roy de France & d'Angleterre. Aussi possedoit il la Guienne, & pretendoit la Normandie. I'ay ouy conter qu'vn Ambassadeur du Roy en Suisse s'estãt trouué de compagnie auec l'Ambassadeur d'Espagne en la iournee de Badẽ, & voiant que l'Espagnol affectoit tousiours le haut de la ruë, feignit vouloir acheter quelque chose chez vn marchand, où s'estans arrestez tous deux, le François sortit le premier & print l'auantage. Le meilleur est en telles concurrences ne se trouuer iamais ensemble, sinon que le seruice du Maistre le requiere : du moins il s'en peut excuſer aux lieux & ceremonies publiques: comme il ſe practique à Rome depuis quelques annees. Que ſi noſtre Ambaſſadeur ſe rencontre parmy telles altercations d'autres Ambaſſadeurs, il ſe gardera bien d'eſpouſer le party d'vn ou de l'autre, ou meſmes de s'en entremettre ſans le commandement de ſon maiſtre. Il n'en eſt pas ainſi de tous autres differens qui peuuent ſuruenir au pays ou il eſt, ſur tout s'il y recognoiſt l'intereſt de ſon maiſtre: comme quand il arriue quelque diſcord parmy les Suiſſes, ou parmy les Griſons: tous leſquels ont preſqu'autant de Republiques que de Villes, & de communautez. Et eſt mal aiſé dans ce grand corps ainſi bigarré par la diuerſité des couſtumes, langues & religion [dans vne ſeule Ligue Griſe il ſe parle trois langues differentes] qu'il ne naiſſe entr'eux, tous ſages qu'ils sõt, ſujet de diſpute: en laquelle le ſage Ambaſſadeur peut faire valoir la dexterité de ſon eſprit à les mettre d'accord, emploiant l'affection de ſon maiſtre vers l'vn & l'autre party, pour les obliger tous deux. Ce que ſçauoit & accortement & vtilement faire le Sieur de Liuerdis dernier Ambaſſadeur aux Griſons pour le Roy, lors qu'il les voyoit en mauuais meſnage. Auſſi puis-ie dire auec verité, que ſa memoire eſt encore parmy eux en fort bon odeur. L'intereſt du Roy en ces deux Eſtats-là eſt, que pendant leurs diuiſions il ne pourroit faire leuee, ny eſtre ſecouru de leurs gens à propos, s'il venoit à en auoir affaire. Enuiron l'an lxij. le ſieur de Danzey par ſa ſage entremiſe accorda les deux Roys de Dannemarc & de Suede tout preſts d'entrer en guerre, & tous deux le voulurent pour arbitre de leurs differens.

SES PRIVILEGES.

SVit à parler des priuileges & immunitez de l'Ambaſſadeur, non ſeulement pour le regard de ſa perſonne, mais auſſi de ſes domeſtiques, & de tout ce qui luy appartient. Car quant à ſa perſonne, chacũ ſçait que de droit diuin & humain, meſmes entre les nations barbares, & parmy les armes & armees ennemies, la perſonne d'vn

Ambaſſadeur a eſté en tous ſiecles iugee ſaincte, ſacree & inuiolable. La raiſon y eſt apparente: car ſi outre le peril & les incommoditez d'vn long voyage auquel ils s'expoſent, ils ne trouuoyent ſeureté au lieu où ils vont, il n'y auroit iamais aucun qui en vouluſt prendre le hazard, & en ſuite iamais plus ne ſe feroit treſue, paix, ny eſtabliſſement de commerce: bref, nous retomberions en ce premier chaos, & confuſion de toutes choſes. Auſſi les peines de ceux qui leur faiſoyent outrage ont eſté de tout temps fort rigoureuſes, eſtant ceſte loy paſſee en prouerbe: *Legatus neque cæditur, neque violatur.* Et quād les hommes n'en ont faict la punition, il s'eſt remarqué de ſiecle en ſiecle que Dieu n'a laiſſé ce forfaict impuni: teſmoing la ſubuerſion de Carthage, de Tyr, de Thebes, & de tant d'autres villes, voire Prouinces & Royaumes entiers. Dauid guerroya, defit & ſubiugua les Ammonites pour ce ſujet. L'hiſtoire ſaincte & la prophane nous en fourniſſent aſſez & trop d'exemples. Le Roy François declara la guerre à l'Empereur Charles, pour le meurtre de Rinçon & Fregose ses Ambassadeurs. Mesmes vne respõce rude & hautaine, vn rebut & immodestie faicte à des Ambassadeurs a esté quelquesfois cause d'vne ouuerture de guerre, comme fut la Dalmatique, de laquelle Nasica fut chef: & lõg temps apres celle de Simon Roy de Bulgarie contre Alexandre Empereur de Constantinople. A plus forte raison donc, s'ils ont esté excedez en leurs personnes. Au contraire ce seul nom *d'Ambassadeur* a esté en si grande reuerence enuers les gens de bien, que aucuns n'ont mesme pas touché aux personnes de ceux qui auoyent esté surprins en quelque menee à Rome auec les seditieux. Le graud Africain r'enuoya ceux de Carthage, ores que leurs Maistres eussent violé le droict des gens és personnes des Ambassadeurs Romains: & le Dictateur Postumius laissa aller certains espions qui à faux tiltre se disoient Ambassadeurs, & ne leur fit autre mal. Il n'y a pas long temps qu'õ vsa en France d'vne grande courtoisie à l'endroict de l'Ambassadeur d'vn Prince voisin, qui estoit descouuert faire menees auec les rebelles de l'Estat, car sans autre bruit on luy donna son congé. I'aduoüe bien que autres en ont vsé tout autrement. Aussi les trois exemples premiers sont de pure courtoisie, effects de la generosité Romaine. Le Roy François ayant entendu que l'Empereur auoit retenu l'Euesque de Tarbes son Ambassadeur, en fit de mesme à Granuelle, le logeant au Chastelet sans luy faire autre mal. Rarement certes a on violé ce respect que la loy des gens (i'ay cuidé dire de nature) a imprimé és esprits des hommes dés le commencement du monde, si ce n'est d'auenture vn Clement VI. vn Iules II. ou quelque autre ennemy du nom François, ou plustost ennemy de nature. Celuy-là gourmanda & emprisonna les Ambassadeurs d'Allemagne & de France qui estoient allez de la part de leurs Maistres pour luy faire quelque ouuerture d'accord. Celui-cy enuoya à la prison & à la torture vn Euesque Ambassadeur de Sauoye offrãt de la part de son maistre à s'entremettre de la paix entre luy & le Roy de France. Iadis les Ambassadeurs des

Romains se contentoiēt de porter sur eux certaines herbes qu'ils appelloient *Sagmina*, dont ils furent dicts *Sancti*, & les Grecs leur κηρύκεια: comme les Herauts leurs caducees. Ceste seule marque pour lors les rendoit inuiolables & respectez parmi les Barbares mesmes.

Il est vray que ce respect, franchise, & seureté en laquelle ils sont pour l'amour de leurs Maistres, ne leur donne pas licence de mal faire. *In hoc datum ius gentium, non vt lædant alios, sed ne ipsi lædantur*: ce dict vn moderne. Car celuy qui a faussé la foy publique ne merite qu'elle luy soit gardee: & vne legation supposee est de tāt plus punissable que souuent il y va de la ruine d'vn Estat. Ioint que par toutes loix qui abuse de son priuilege, s'en rend indigne & le perd. Car s'il a faict prattiques & menees soit par attentats sur la personne du Prince auquel il est enuoié, ou d'entreprise sur son estat: comme fit Mendozze en celui d'Angleterre, il y a seize ou dixhuit ans: L'on distinguoit autrefois s'il n'y auoit qu'vn simple conseil donné ou coniuration faicte sans execution, ou bien si l'effect en estoit ensuiui.

ſtimi. Apres on vouloit ſçauoir s'il ſeroit aduoüé de ſon maiſtre ou non. Ce que les Romains & autres ont pratticqué pluſieurs fois: & ceux qui ſe trouuoyent ainſi deſaduoüez on les liuroit & abandonnoit à celuy qu'ils auoient offencé ou bien à ſon Maiſtre. *dedebantur ex iure gentium.* Au faict de Mendozze la Roine d'Angleterre n'vſa de main-miſe, ains luy donna quinzaine pour ſortir hors de ſon Royaume. Ce ne fut pas ſans conſulter s'il y auoit droict de le retenir & chaſtier: diſant, qu'en vain ſe iette dans la franchiſe des gens celuy qui viole le droict des gens: & y en auoit aſſez d'exẽples: ou du moins ſi on le feroit garder tant qu'on en euſt aduerti & demandé raiſon à ſon maiſtre. M'ayant faict l'honneur de m'en demander mon aduis, ie leur dis que le plus expedient & ordinaire moien & le plus ſalutaire à l'Eſtat, eſtoit d'en aduertir ſon maiſtre & attẽdre l'adueu ou le deſadueu, mais le gentil-homme qu'ils y enuoierent, ne fut ny veu ny ouy du Roy d'Eſpagne: lequel ſe fiſt excuſer ſur ſon indiſpoſition, afin de n'auoir à reſpondre ſur l'adueu ou le deſadueu, d'autãt que ſes deſſeins de long temps proiettez ſur l'Angleterre eſtoient trop deſcouuerts, & d'ailleurs il ne vouloit ny mẽtir, ny abandonner celuy qu'il auoit mis en beſogne. L'on leur fiſt auſſi cõſiderer que le delict eſtoit ſimplement proietté, non executé: *cæptum, non conſummatum*: comme diſent les Legiſtes. Mais en ce dernier cas, ie n'euſſe voulu eſtre ſa caution, non plus que de tous autres qui font ſemblables attentats, leſquels rencontrans des Princes ou des peuples plus mal-endurãs & moins retenus, n'en eſchapperoient à ſi bon marché. Car s'il eſt permis par les loix ciuiles & naturelles de repouſſer la force par la force; ſi la loy de Talion eſt du droict de nature; ſi meſmes telle entrepriſe ne fuſt demeuree impunie en la perſonne de ſon maiſtre propre s'il s'y fuſt trouué, ainſi qu'il s'eſt veu ſouuentesfois: ie laiſſe à iuger s'il n'y auoit pas raiſon de le retenir, pour ne dire pis: attendu la regle du droict commũ: *Vbi quis deliquit, iuriſdictionem eius ſubijſſe intelligitur, cuius in ditione deliquit.* On ſe rend iuſticiable de l'Eſtat ou l'on commet le delict, & n'y a qualité ny priuilege qui tienne. Ie dis, ores qu'il eust faict apparoir du pouuoir de son maistre. Et certes chacun n'apporte pas en tel affaire la froideur & prudence d'vn Senat Romain, Car la verité est, que l'Ambassadeur qui sous tiltre d'amitié vient vers vn Prince allié de son maistre pour luy iouër vn meschant tour, se rend coulpable & sans excuse [*Bis peccat qui prætextu pietatis peccat.*] ny aiāt priuilege aucun du droict des gens qui le puisse garentir de la punition ordinaire de toutes personnes qui troublent le repos d'vn Estat. Ce que ie dis à plus forte raison, puis que Procopius en son histoire des Goths fait dire par Theodeadus aux Ambassadeurs de Iustinian qu'vn attentat à l'honneur d'vne femme, ou vne indignité faicte au Roy par vn Ambassadeur, merite chastiment. *Eatenus hac prærogatiua possunt vti, quoad ab officio non recedunt. Nam Legatum licet occidere si in Regem fuit contumeliosus, aut si pudicitiam alienæ vxoris contrectauit.* La plus douce punition seroit de le chasser & renuoyer à son maistre: ou luy en demāder la raison, apres que le crime seroit biẽ aueré par lettres ou tesmoins, ou que l'Ambassadeur demeurast conuaincu par le commencement de l'execution & entreprise. Ainsi en ont vsé plusieurs, comme ie disois tantost, pour se mõstrer plus religieux en la conseruation d'vne personne publique & priuilegiee, ou charitables à rendre le bien pour le mal, comme fit le grand Africain, à qui en plein Senat fut demandé que l'on feroit aux Ambassadeurs de Carthage; *Nihil tale quod Carthaginienses*: respondit-il. Ne faisons pas la faute que nous blasmons en eux.

Vn sage Ambassadeur ne se mettra donc point en ce hasard. Toutesfois s'il en a commandement de son maistre, comme nous disions cy deuant touchant les bourdes & menteries: sera-il receu à s'en excuser, à iuger de la iustice des intentions de son maistre, & de l'equité de ses commandemens? est-ce à luy à penetrer le secret ou cõtroller la volonté de son Prince? Icy l'homme de bien se trouue derechef bien empesché, car si l'Ambassadeur se doit mettre deuant les yeux, l'hõneur, la grandeur, l'vtilité & le seruice de sõ

Seigneur: & que de ces practiques il luy peut reüscir vn seruice signalé: il semble qu'il ne luy soit loisible d'en refuser le commandement. Ceste question, ce me semble, se peut soudre par la solution de celles qui se font parmi les Philosophes, les Iurisconsultes, & les Theologiens, de l'obeïssance qu'vn fils est tenu de rendre à son pere, l'esclaue à son maistre, le suject à son Prince, & le vassal à son Seigneur lige. Car tous sont d'accord que ceste obeïssance ne s'estend pas à ce qui est contre Dieu, nature & raison. Or mentir, trõper, trahir, attenter à la vie d'vn Prince souuerain, luy faire reuolter ses subjects, luy voler & troubler son Estat, mesmement en temps de paix, & sous tiltre d'amitié & d'alliance, est directement contre le commandement de Dieu, contre les loix de nature & des gens: c'est violer la foy publique, sans laquelle la societé humaine, & en fin ceste masse du monde se dissoudroit. Et l'Ambassadeur qui sert son maistre en tel affaire, peche doublement: en ce qu'il le sert en l'entreprise & executiõ d'vn si mauuais dessein, & en ce qu'il ne luy donne meilleur conseil, y estant obligé par le deu de sa charge, laquelle emporte qualité de Conseiller d'Estat pour le temps de sa legation, ores qu'il n'eust l'honneur auparauant d'y auoir esté receu. L'histoire de France remarque que le sieur de Flauy Gouuerneur de Compiegne pour le Roy Charles VII. voyant que son maistre se laissoit piper par le Duc de Bourgongne, fist interuenir les habitans, & par modestes remonstrances refusa de remettre la place au Bourguignon, nonobstant le commandement reïteré de sa Majesté, & en refusant honnestement à son maistre ce qui estoit à son preiudice, il s'acquitta du deuoir de bon seruiteur. Certes c'est vn bon seruice de dedire le maistre, quand il commande à son dommage: comme celuy qui demanderoit vne espee pour se tuer. [*Nõ dare, sed eripere telum irato, pium est.*] Mais disons verité La plus part des desseins qui se font sur les Estats voisins prennent commencement des aduis qu'en donnent à leurs maistres les Ambassadeurs & ministres mesmes, lesquels en ouurent & facilitent eux mesmes les moyens, s'offrans volontairement à l'execution d'iceux. Ie l'ay remarqué dix fois en ma vie. Aussi ne sont ils point à plaindre quand ils tombent dans ces filets.

Voilà pour le public: mais si l'Ambassadeur luy mesme a faict outrage à vn particulier: Ie ne sçache pas qu'il y en ait rien de defini ou specifié par les loix: si ne peut-il à la rigueur eschapper la rigueur des loix du pais où il a faict la faute. Son maistre mesme par la regle cy dessus s'en rẽdroit iusticiable. Car il y a bien à dire entre la dignité d'vn Prince & son Auctorité. Dans le pais d'vn autre Souuerain il ne retient que sa dignité. Aussi quelque hõneur qu'on face à sa personne, si ne luy donne-on pas auctorité d'octroyer graces, prononcer arrests, faire loix, battre monnoie à son coin, & choses semblables qui emportent marque de Souueraineté. Vn Roy voisin refugié en Frãce, fit, ou permit outrager vn sergent qui estoit allé faire vn exploit en son logis. Sans sa dignité & les raisons d'Estat, on eut possible parlé à luy d'autre façon qu'on ne fist. Autant en est il &

à plus forte raison d'vn Ambassadeur qui n'est que ministre & suiet de son Prince. Mais le plus seur & le plus seãt est auant que s'en faire la raison, la demander à son maistre, qui en tel cas ne la deniera pas si tost qu'en vn faict d'Estat.

Icy est le lieu de la questiõ que font aucuns, sçauoir, si de droict des gens l'Ambassadeur a iurisdiction sur ses domestiques? En quoy ie ne voy nulle apparence, pour la raison que ie viens de dire, Que l'authorité d'vn Prince, & toutes marques de souueraineté cessent chez autruy. Or la punition à mort est la souueraine marque de souueraineté, & pour venir du grand au moindre, l'Ambassadeur n'a donc pas plus de droict que son Prince ou autre Souuerain. Vn Ambassadeur (ie ne nomme iamais aucun pour faire tort à sa memoire) courut fortune en vn païs voisin. Vn sien valet domestique auoit faict force à sa fille aagee de cinq à six ans. Il en fit luy mesme le chastiment, faisant estrangler le valet. En France la iuste douleur eust possible excusé vn homme de qualité de ne s'estre adſtre addreſſé à la iuſtice ordinaire ſuiuant le ſens de la loy *Iulia de adulteriis*, au faict des peres & maris qui trouuẽt les paillards en flagrãt delict: du moins vn pardon, vne remiſſion en euſt faict la raiſon. Mais ces gens là en firent biẽ du bruit, diſans qu'aucun de quelque qualité qu'il fuſt ne pouuoit exercer la iuſtice que celuy à qui le Souuerain la commet, & diſoient vray: car nul Prince, Seigneur ny gentil-homme, n'a haute iuſtice en ce païs là: & ſouſtenoient qu'il falloit faire le procez à l'Ambaſſadeur pour auoir oſé faire mourir vn homme de ſon authorité priuee. Toutesfois le delict enorme cõmis par le valet, qui eſtoit François, & les conſiderations de l'Eſtat, & encore plus l'authorité du Prince leur impoſa ſilence. L'Ambaſſadeur du Roy de Dannemarc en vſa tout autrement en Angleterre: car il demanda iuſtice à la Royne du meurtre commis en ſa maiſon par vn des ſiens ſur vn des ſiens. Elle par modeſtie n'en voulut cognoiſtre, & luy permit de le remener en Dannemarc, pour là luy faire ſon procez. Et ne puis approuuer le faict d'vn

M

Ambaſſadeur Eſpagnol à Veniſe, lequel fit pendre vn ſien valet aux feneſtres de ſon logis pour quelque delict enorme, comme on diſoit, ores que la Seigneurie n'en fit aucun ſemblant ny pourſuitte: à laquelle certes l'Ambaſſadeur ſe pouuoit & deuoit addreſſer. La regle ancienne doit donc auoir lieu *Nulla manus ferrum tractat, niſi quæ ſceptrum*: ſinon que les deux Princes en fuſſent d'accord entr'eux: comme cela ſe pourroit & deuroit faire és Eſtats fort eſloignez l'vn de l'autre: autremẽt la punition d'vn crime ſeroit ſouuent retardee, & en ſuite negligee par vn tel eſloignement. Ny plus ny moins, que ſur la mer les Capitaines ont ordinairement de leurs Souuerains le pouuoir de cognoiſtre des crimes aduenus en leurs nauires; comme les autres chefs de guerre en leurs armees ont authorité de punir les delinquãs, quoy qu'ils ſoient en terre d'autres Souuerains. Et ay depuis remarqué que c'eſt l'aduis de M. Paſchal tres-docte Conſeiller d'Eſtat en ſon liure *de Legato*.

Que ſi l'Ambaſſadeur n'a iuriſdictiõ ſur ſes domeſtiques, moins l'a-il ſur les autres sujets de son maistre: L'Ambassadeur du Roy en Suisse au commencement de ces troubles derniers estant aduerty des menees qui s'y faisoyent cõtre le seruice du Roy, veut faire arrester quelqu'vn de ces negociateurs, qui passoit à Soleurre, & qui pretendoit le droict des gens & la liberté du passage. Mais qui doute que dans sa maison il n'eust assez d'authorité de l'arrester, & hors sa maison employer celle du magistrat pour cest effect? Ie dis simplement l'arrester, & non luy faire son procez, ains l'ẽuoyer à son maistre, ou le garder attendant sa volonté.

Nous auons dit cy dessus des espiõs qui viennent sous le tiltre d'Ambassadeurs, ou des Ambassadeurs qui sous couleur de negocier quelque affaire, ou entretenir amitié, espient les secrets de l'Estat à mauuais dessein. Mais de ceux-cy il va tout autrement que des Espions communs & qui viennent sans qualité. Car estans vne fois acceptez pour Ambassadeurs, les voila infailliblement dans l'azyle du droict des gens. Puis la consequence seroit tresdangereuse, si la porte estoit ouuerte à telles recherches; & y auroit bien peu de gens & entremetteurs d'affaires estrangeres asseurez en leurs charges, n'y estans la plus part en effet que pour sçauoir ce qui se fait chez autruy. Aussi aucuns les nomment espions honorables: allegans le dire de Chabrias, Que celuy est vn tresbõ chef de guerre qui sçait tout ce qui se faict chez son ennemy. Et à la verité on ne peut tenir pour vray amy, celuy duquel ont est en deffiance, & de qui on est contraint d'espier les secrets, & les deportemẽs. Et à ce propos l'histoire d'Angleterre dit, que Henry 7. sage Prince & entendu, ayeul de ceste Royne, estoit sur le point de donner congé à tous les Ambassadeurs residens & sedentaires: & n'en tenir plus aucun chez autruy, mais la mort le preuint. Nous auons aussi dit ci dessus que l'antiquité ne les cognoissoit point. Et celle de France remarque que Louis onziesme n'enuoioit iamais deux fois vn mesme Ambassadeur à celuy qu'il vouloit amuser de paroles, afin que si le precedent auoit d'auẽture faict ouuerture de quelqueaffaire d'õt l'effect ne fut ensuiuy, le dernier ne sçeust qu'en respõdre, & que l'ignorãce du faict luy seruist d'excuse pour gaigner tẽps. Mais nous sortons de nostre propos. Il faut donc distinguer si ce sont deputez de la part des prouinces soubmises à vn plus grand Empire, ou sous la protection d'autruy, cõme celles *quæ populi Ro. maiestatem colere dicebantur.* Ou bien s'ils sont enuoyez de Prince souuerain à vn autre son egal. Car au premier cas, ils seroient d'auantage à la mercy de celuy qu'ils auroyent offencé. *Necà subditis nec ad subditos rectè mittũtur legati* Ce ne sont point proprement Ambassadeurs ny ceux que les sujects enuoyent à leur prince, ny luy à eux. Et en auois dit vn mot cy deuãt. Ie n'adiousteray rien qu'vn beau traict qui se lict en Plutarque d'vn de Sparte enuoyé vers le chef de l'armée ennemie, lequel enquis en quelle qualité il se preſẽtoit: si (dit-il) i'obtien ce que ie demande, ie vien comme Ambassadeur: sinon, cõme particulier & sans charge: Ie ne pouuois oublier ce beau mot, ores qu'il ne soit de ce suject.

Voyons maintenant ſi l'Ambaſſadeur qui paſſe par le pays d'vn Prince auquel il n'eſt point enuoyé, peut alleguer le droict des gens. I'ay cy deuant parlé du Sieur de Mortefontaine Hotmã & de ſon paſſage au Conté de Bourgongne. Il y auoit lors guerre ouuerte entre la Frãce & l'Eſpagne : les Cõtois ſujects de l'Eſpagnol: il n'y auoit donc ſeureté aucune pour luy de ce biais là. Meſmes vn tiers n'eſt pas tenu de receuoir & recognoiſtre pour Ambaſſadeur celuy qui paſſe par ſon pays pour aller faire ſa charge ailleurs: & s'il le faict ce n'eſt que de courtoiſie & humanité; laquelle ſe practique à l'endroit des paſſans, auſquels en temps de paix tous chemins ſont ouuers. Vne choſe luy ſeruit, ſçauoir la Neutralité, qui nonobſtãt toutes les guerres du paſſé a eſté entretenuë & renouuellée entre le Roy & ceux dudit Conté, à la faueur & priere des Seigneurs des ligues qui ſe dirent moyenneurs & protecteurs de la dicte neutralité. Quiconque a dõc à paſſer par le païs d'autruy, doit ſçauoir ſi le Prince eſt amy ou ennemy de ſon maiſtre ; ſi le pays eſt en paix ou en guerre, & en tout euenement deman-der son passage, & en obtenir bon pas-seport & bien signé, ou bien vne bon-ne & seure escorte.

Mais si nonobstant la deffence à luy faicte d'entrer au pays où il va faire sa charge, il a voulu passer outre : sçauoir s'il se peut targuer du droict des gens ? Surquoy disõs, que puisque par le mes-me droict des gens & de nature le charbõnier est maistre en sa maisõ, cõ-me on dit, & chaque souuerain en son estat : certes il a tout pouuoir & liberté d'empescher l'ẽtree de son pays à ceux qu'il n'a point agreables, & qu'il tient pour suspects. Toutesfois s'il y venoit comme suppliant, ainsi que les Dames Romaines à Coriolanus : Platõ dit, *Om-nium tum in ciues tum in peregrinos maximũ est peccatum cum peccatur in supplices. Deus enim adflicti supplicis custos eximius.* Ceste humanité doit pareillement auoir lieu pour les sujects rebelles & seditieux, lors qu'ils deputent aucuns d'entreux pour se soubmettre & demander par-don ou traicter de l'acheminement leur à reconciliation, suiuant la clause & cõ-dicion du Senat Romain à ceux d'Ascoli: *Si factorum pœniteat, liciturum ipsis mittere legatos; si minus, minimè.* Mais si le nombre estoit grand, comme dernierement en France, & que l'Estat se trouue diuisé en deux factions & le party formé en vne guerre ouuerte: puis que par le droict de guerre, mesmes entre les nations estrangeres & barbares, les Herauts & Ambassadeurs sont en sauueté: certes ceste loy doit valoir aussi bien pour les citoyens diuisez que pour des estrangers ennemis d'vn Estat. I'ose affermer le semblable pour les fugitifs, voleurs ou corsaires, quand ils font corps & party: comme autresfois sous la conduicte de Spartacus, Sertorius, Viriatus, Tacfarinas, & semblables. Car l'asseurance qu'ō donne aux personnes qu'ils deputent n'est pas en leur faueur, mais en la consideration du bien public, & pour les ramener au deuoir, afin de faire cesser le trouble de l'Estat. *Quod est necesse turpe non est.* la necessité n'a ny loy ny honte. Et c'est icy aussi que ceste belle & ancienne maxime d'Estat doit auoir lieu *Salus populi suprema lex.* Le salut de l'estat va par dessus toutes loix & toutes consi derations

rations. Il est vray qu'ils feront bien de ne s'y presenter qu'auec passeport bien signé du chef de l'armee, auec lequel ils vont traitter: & en ce cas seroit violer la foy donnee, qui les voudroit arrester ou leur faire autre desplaisir, quoy qu'en die Alber. Gēt. en son traité *de legationibus*, contre l'opinion de feu mon pere en ses questions illustres.

Aussi l'on a douté touchant ceux qui sont enuoyez par les heretiques, les schismatiques & excommuniez. Ceste fausse maxime, qu'il ne faut garder la foy aux heretiques, esclose au Concile de Constance, & pratiquee contre aucuns particuliers qu'on auoit fait venir sous la foy publique, a donné occasion à ceste question. C'est pourquoi onques puis ne s'est on voulu fier à la foy des Papes ni des Conciles: raison vnique ou principale du schisme qui dure en l'Eglise, depuis pres de cent ans. Mais ce doute se peut vuider comme les precedens, par la consideration de l'vtilité publique: estant impossible que nous nous puissions passer de ce qui est és autres païs & cōtrees, moins encor de ce qui

N

est chez nos voisins de quelque religion & creance qu'ils soient. Les Princes & Estats Chrestiens ne font difficulté de tenir leurs Agens & ministres pres le Turc, quand ils y ont affaire; & le Roy y en a vn d'ordinaire & resident. Le grand Seigneur a les siens chez le Perse, & au reciproque: neantmoins le Turc & le Perse s'entr'appellent heretiques. Iadis & souuent l'Eglise Latine a enuoyé vers la Grecque, qu'elle tiēt pour schismatique. Autresfois l'Eglise assemblee en vn Concile d'Affrique enuoya ses deputez aux Donatistes. Les Catholiques en ont pres les Protestans : & le Pape autresfois en a voulu enuoyer en Angleterre, & en enuoieroit en d'autres Estats protestans, s'il iugeoit qu'ils y fussent receus & y peussent faire ses affaires. Que s'ils y estoient admis, ils seroient sans doute dans la sauuegarde des gens; aussi bien que ceux qui luy auroiēt esté deleguez de leur part.

Quāt à ceux qui sont sujets du Prince ou de l'Estat auquel ils vont en ambassade, c'est vn autre faict: car pour s'estre donnez à vn autre maistre, du pour auoir acquis droit de bourgeoisie ailleurs, ils n'en sont pas moins suiets de leur Seigneur naturel, ni moins ses iusticiables, si d'auenture ils sont sortis de son païs sans son congé, ou pour quelque mal-faict ou rebellion. Le Roy Perseus enuoya à Getius Roy d'Illyrie vn qui estoit suiet & natif d'Illyrie. Vn Lieutenant du Pape en quelqu'vne des terres de l'Eglise, retint prisõnier l'Ambassadeur du Duc d'Vrbin; parce, disoit-il, que l'Ambassadeur estoit suiet du Pape. Et du temps de nos Peres, le Duc de Milan François Sforze fit decapiter l'escuyer Merueilles sujet du Milannois, retiré en France, & enuoyé Ambassadeur au Duc par le Roy François, comme i'ay touché cy dessus. Ce fut imprudẽce à ces trois Princes d'employer telles gens en ceste charge; & folie à telles gens de l'accepter: car à tous trois il en print mal. Neantmoins le Roy eut raison de se plaindre & d'en vouloir auoir sa raison: car Sforze ayant vne fois admis & receu Merueilles pour Ambassadeur de France, comme le Roy le verifia fort bien par vne lettre dudit Sforze, il ne luy estoit plus loisible de le traitter comme son sujet ; & faisoit contre la loy des gens. Autant en est-il des deux autres. Sous Charles VI. le Connestable Clisson suiet du Duc de Bretaigne, s'y fia mal à propos, & y cuida perdre la vie auec la liberté: puis l'ayāt le Duc remis en liberté, s'en purgea & iustifia sur la qualité dudit Clisson qu'il disoit estre Breton originaire & son suiet naturel. Encore vouloit-il que le Roy lui deust de retour pour le respect qu'il auoit eu d'vn sien officier, veu qu'autrement il pretendoit auoir eu raison de le faire mourir. Mais Philippe le Bel renuoya ceux que le Comte Guy de Flandres auoit deputez deuers luy, pour luy porter le choix de la paix ou de la guerre ; ores que leur maistre & eux fussent ses suiets; comme le mesme Roy leur sçeut bien dire. Ie ne parleray point icy du grand Seigneur lequel s'offrit n'y a pas long temps de faire mourir l'Ambassadeur d'vn Prince Chrestien, pour faire plaisir à ce Prince, ce disoit il : d'autant que ledit Ambassadeur rendoit de mauuais offices à son maistre, & s'entendoit auec ſes ennemis. Auſſi l'offre n'en fut acceptee, eſtant trop preiudiciable pour la conſequence.

SES DOMESTIQVES.

ET d'autant que nous auons comprins ſes gens dans ſes priuileges, nous en dirons vn mot. Au temps paſſé le nombre eſtoit certain & reglé de ceux qui l'accompagnoiét en ſon ambaſſade, & leurs noms couchez ſur l'eſtat, ou mis en vn roolle pour y auoir recours. Ceux-cy deuoient iouïr du priuilege de leur maiſtre, comme en temps de guerre ceux qui ſont comprins en vn paſſeport ou ſaufconduit. Mais eſtant maintenant laiſſé à la diſcretion de l'Ambaſſadeur d'en prendre autant qu'il veut, ſçauoir ſi tous y doiuent participer? Ie n'en fay point de doute pour-ce qui eſt de la ſeureté de leurs perſonnes. *Quod ad legatos, comiteſue attinet, ſi quis eorum quem pulſaſſe ſiue iniuriã feciſſe arguitur, lege Iulia de vi publica tenetur*: ce dit vne loy du Digeſte, laquelle eſtend la peine à ceux qui ont excedé les gens de l'Ambaſſadeur comme s'ils se fussent addressez à sa propre personne. Et à la verité le priuilege d'vn Ambassadeur seroit bien maigre s'il ne comprenoit les personnes de ses domestiques. Ie dy *ses domestiques.* Car il y en a qui passent quelque fois païs à la faueur & sous le passeport de l'Ambassadeur, qui ne se trouueroient trop asseurez s'ils estoient recognus, ores qu'ils fussent par lui adnoüez, sur tout s'ils sont d'autre nation que lui, ou suiets du Prince qu'il va trouuer.

Au reste il ne faut douter que la maison de l'Ambassadeur est vn azile & retraitte à ses gens & domestiques contre toutes iniures & violences; pourueu qu'ils ne facent rien cõtre les loix du païs où ils sont, & cõtre l'honnesteté publique. Car ce qui n'est pas permis au maistre, l'est encore moins à ses valets. Et ne pense pas toutesfois que sans la permission de l'Ambassadeur il soit loisible à vn sergẽt ou autre officier de Iustice de mettre la main, faire capture, ou autre exploict de iustice sur aucun de ses domestiques; n'estoit qu'ils fussent prins en flagrant delict & hors de sa maison. C'est pourquoi l'Ambassadeur d'Espagne eut raison de se pleindre des officiers de Tunes qui estoient venus prẽdre par force en sa maison vn sien domestique accusé de sodomie, allegant qu'ils n'auoient iurisdiction sur luy ny sur les siens: & adiousta que tel crime n'estoit point capital en tous pays: car ayãs les Tunois ainsi prins son domestique ils luy auoient faict son procés le faisans brusler tout vif selon les loix de leur païs.

Et quant aux peages, imposts & autres charges & cõtributions: ie ne doute point qu'ils en sont exempts aussi bien que leur maistre au païs où il reside, & tãt qu'ils sont ses domestiques. Ie dy pour le regard de leurs cheuaux, hardes & accoustremẽs: pourueu qu'ils n'abusent de ce priuilege à faire marchandise, ou à faire couler celle d'autrui sous le titre de leur immunité, cõme Guicciardin dit, que firent certains deputez de Florence vers l'Empereur Charles le quint, qui lors estoit auec le Pape à Bolongne, lesquels en receurent honte & chastiment tout ensemble: & la loy du Digeste veut, que de ce qu'ils emportent du païs outre leurs meubles, ils en payent l'impost. En tout ce priuilege neantmoins il se faut regler à l'vsance & coustume particuliere des lieux. Car s'il estoit dict qu'aucun n'en fut exempt, de quelque condition ou qualité qu'il fust; certes & lui & ses gens ne seroient pas plus priuilegiez que les autres: estant au reste assez notoire que les Ambassadeurs & autres personnes estrãgeres, sont plus fauorablemẽt traittez en vn lieu qu'en vn autre.

Voila pour le païs où leur maistre est resident, & seulement durant le temps de sa legation, & qui est generalement du droict des gens, & commun à tous Ambassadeurs & à leurs domestiques. Mais quant aux exemptions, immunitez, priuileges & prerogatiues dont iouït vn Ambassadeur en sa patrie propre, par la concession de son Prince ou de son Magistrat: cela est de droict ciuil & local: aussi n'est-il pas par tout d'vne façon, & ne s'estend pas iusques aux valets. Car ie ne pense pas qu'il y ait raison de leur ottroyer lettres d'estat,

stat, qu'on appelle, & de respit contre leurs creanciers, & pour faire cesser ou surseoir les actions & poursuittes qui seroient encommencees contr'eux depuis le partement, & en faueur de leur absence, ainsi qu'à leur maistre: aussi n'y a-il pareille consideration. Ne plus ne moins que le valet d'vn officier ou domestique du Roy ou du premier Prince du sang, qui a ses causes commises aux requestes du Palais, n'a pas part au priuilege de son maistre. Autant en di-je de toutes autres exemptions, cōme de tailles & charges semblables: qui sont priuileges ottroyez à la personne de l'Ambassadeur & non de ses seruiteurs & valets, lesquels sont ou doiuent estre payez & salariez de la bourse de leur maistre, & desquels il se peut passer ou les peut changer.

Toutesfois la raison veut que ie tire de ce nombre ceux qui luy sont adioincts par le Prince, ou les autres personnes d'ailleurs qualifiez, que luy mesme s'est choisi pour l'accōpagner & seruir aux affaires de sa legation, & sans lesquels il ne la peut faire dignement. I'y mets encores le Secretaire

O

& interprete, qui luy sont instrumens necessaires, & qui seruẽt plustost l'ambassade que l'Ambassadeur : comme en Suisse & aux Grisons, où lesdits Secretaires & Truchemens sont couchez en l'estat des pensions de ceste nation là, & tirent gages ordinaires d'vn escu par iour. Mais pour faire foy de leur seruice actuel, feront fort bien de prẽdre certificat ou attestation de l'Ambassadeur signee de sa main, pour s'en seruir en temps & lieu.

Tout cecy est fondé en l'equité naturelle & en la regle du droict commun, que les enfans sçauent par cœur: Que l'absence ne nuit point à celuy qui est employé hors de son païs pour le seruice de son Prince ou de sa Republique. *Absens reip. caussa præsens esse censetur.*

Et pour la mesme equité, & afin aussi que l'Ambassadeur ne fust distrait de sa charge, & contraint de retourner au païs pour ses procés, on ne pouuoit intenter action nouuelle contre luy, fust reelle ou personnelle: & obtenoit surseance, sinon que la cause eust esté cõtestee au parauant auquel cas il bailloit procureur pour se deffendre.

Quant à ses cheuaux, meubles & vtensiles: ils sont par mesme regle comprins dás ce priuilege: & ne croy point que pour debte & obligation il soit loisible d'entrer en la maison d'vn Ambassadeur, faire arrest & vendition de ses meubles & cheuaux, puis qu'és choses criminelles mesmes i'ay monstré qu'il y falloit bien du respect & de la retenue. L'accident arriué dernierement en Espagne en la maison de l'Ambassadeur de France nous en faict foy: qui en vn temps plus suspect eust bien apporté plus de trouble. Et pour le ciuil, c'est à ceux qui contractent auec eux d'y bien prendre garde; d'autant que le plus souuent ils sont contraints d'attédre que l'ambassade soit expiré: & leur en prend comme à tous autres qui ont contracté auec vn mineur ou personne priuilegiée, de laquelle ils n'ont deu ignorer l'estat & condition. Il est vray que le droict ciuil faisoit distinction des contrats passez auant ou pendát la legation, & de ce qu'il auoit promis de payer au lieu de sa residence, & au temps de son seiour, qu'ils appellent *Constituta pecunia*. Ie parle des contracts d'argent & de payemẽs. Car il n'arriue gueres que l'Ambassadeur face acquisition de maison, terres & heritages au païs où il est, ou qu'il y cõtracte mariage; ni plus ni moins qu'il n'estoit permis à ceux que les Romains enuoyoient gouuerneurs aux prouinces d'y acquerir ou s'y marier. Aussi telle chose les rendroit suspects aux vns & aux autres. Vn Gentilhomme François voulant espouser la Royne de Valachie, courut grand fortune: aussi l'entreprenoit il au desceu de son maistre, & sans le congé du grand Seigneur, lequel s'en offença fort. Et pour reuenir aux debtes & obligations, il faut en tout cas que les creãciers s'addressẽt par requeste au Prince ou Magistrat souuerain, sans la permission duquel, en telles choses ne se fait rien à propos. *Manus regia ius facit in omni legatorum negocio*. Car si l'Ambassadeur ou les siens ne pouuoient estre conuenus, iamais on ne leur presteroit, & personne plus ne voudroit auoir à faire à eux: le maistre y sentiroit dommage, son seruice demeurant à faire à ceste occasion. Ioinct qu'il est sans raison qu'ils facent leur profit du dommage d'autruy. Ce qui seroit, s'ils ne rendoient & payoient. En contractant ils subissent donc la iurisdiction du lieu où ils sont. Ce que i'ay cy deuant dit auoir lieu és crimes & delicts que commet vn Ambassadeur ou les siens.

I'ay encore remarqué deux autres priuileges anciens: l'vn, que les chaines d'or & autres dons & presens qui leur auoient esté faicts à la faueur de leur legation, leur demeuroient en propre. Et croy que persõne ne le leur disputeroit maintenant, pourueu que ce fust hors soupçon, & en la sorte que i'ay dite cy deuant. Car on n'approuue pas la barbarie & inciuilité du Duc de Moscouie, qui reprend non seulement les habits & ornemens qu'il leur baille à leur partement, mais aussi les dons & presens qu'on leur a faits en leur legation, qu'il conuertit luy mesme à son profit. Il est vray que les Moscouites ne sont simplement suiets; & ainsi me le dirent ceux qui furent en Angleterre de la part de leur Prince il y a dixhuict ans; ains esclaues de leur Prince,

L'autre ancien aduantage des Ambassadeurs est, qu'il leur estoit permis apres leur retour de se reposer vne couple d'annees sans estre contraincts de se charger d'aucun affaire ou office de la Republique. Car pour la charge de tutelle & semblables, l'on en est quitte à moindre occasion.

Au reste il commençoit à iouïr de ses priuileges non seulement du iour de son arriuée, ains du iour de sa nomination à la charge : comme aussi on ne prenoit pas son retour à point nõmé; mais apres auoir fait son rapport, *& cum laxamento temporis*, comme ils en parloient : par ce que comme les choses odieuses se restreignent, aussi les fauorables s'estendent fauorablement: & aussi par ce qu'il va du bien de l'Estat d'estre à plein informé de la negociation d'vn Ambassadeur. Or ce retour ne dependoit plus de sa volonté, ains de la reuocation & commandement de son maistre, s'il ne vouloit estre appellé Deserteur; cõme vn soldat qui sort de sentinelle sans estre releué, ou qui quitte le drapeau sans le congé de son Capitaine. Et tels Ambassadeurs estoient anciennement priuez de leurs gages, estats & appointemens; & y alloit quant & quant de leur vie. Aussi ie ne sache excuse valable pour celuy qui seroit party de sa charge sans en auoir le commandement, se trouuast-il en peril de sa vie, comme il eschet quelques fois: sinõ qu'il fust chassé par force ou par authorité de celuy pres lequel il faisoit sa charge; ou qu'il suruinst trouble ou remuement tel & si soudain en l'Estat qu'il n'y peust subsister plus longuement: ou que le Prince pres lequel il reside vinst à declarer subitement la guerre à son maistre: auquel cas aussi la loy ne vouloit qu'ils prinssent dons ou presens. Encore voudroy-ie s'il luy estoit loisible qu'il se fermast quelque temps à la frontiere pour se donner loisir d'en aduertir son maistre, a fin de ne le surprendre, & luy donner l'alarme de son retour inesperé : car c'est vne temerité que tous Princes ne prennent pas en ieu. En vn Estat populaire ou sous vn Prince seuere & fascheux on courroit fortune d'en estre chastié. Mais si tost qu'il est reuoqué, son pouuoir a prins fin. C'eſt pourquoy le ſieur de Grannelle refuſa meſme de lire le cartel de deffy que le Roy François auoit faict minuter pour enuoyer à l'Empereur Charles ſon maiſtre; diſant pour excuſe qu'il n'eſtoit plus Ambaſſadeur, puis qu'il auoit receu commandement de congé prendre & s'en aller.

FIN.

Errata.

p. 5. l. 5. armes & des armees.
p. 8. l. 9. m'en fit.
p. 28. l. 21, demum.
p. 31. l. 8, auec ſoy.
p. 33. l. 17. tes gens.
p. 54. l. 8. trouué bon.
p. 62. l. 21. & partialitez.
p. 68. l. 3. Ambaſſadeur.
p. 69. l. 4. affectation.

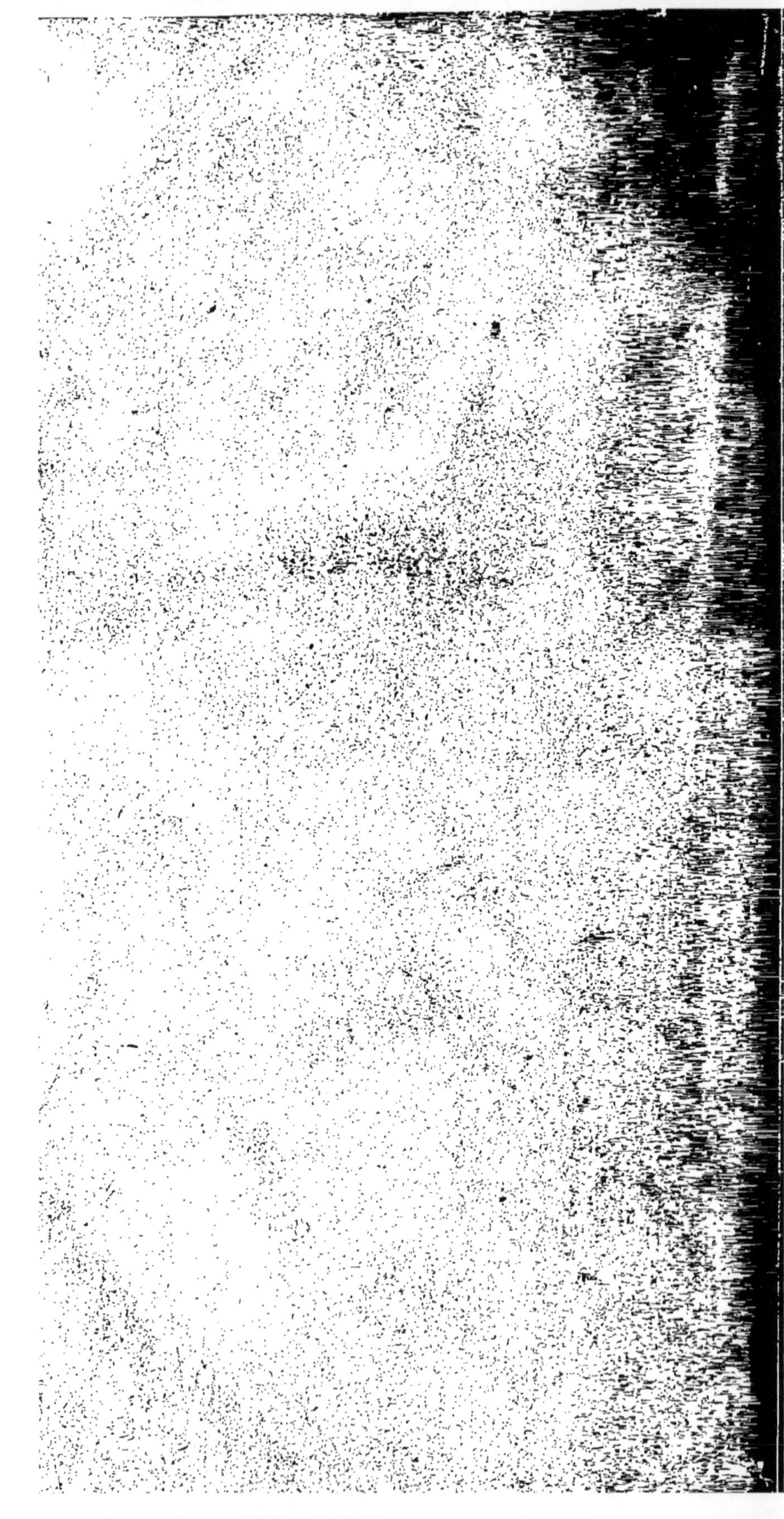

www.ingramcontent.com/pod-product-compliance
Ingram Content Group UK Ltd.
Pitfield, Milton Keynes, MK11 3LW, UK
UKHW012235240726
13966UKWH00003B/1110

9 782012 893092